자기존재와 법

국립중앙도서관 출판예정도서목록[CIP]

자기존재와 법 / 지은이: 라이너 차칙 ; 옮긴이: 손미숙. --
　서울 : 토담미디어, 2018
　　　p. ;　cm

원표제: Selbstsein und Recht : Eine rechtsphilosophische
　Untersuchung
원저자명: Rainer Zaczyk
참고문헌 수록
독일어 원작을 한국어로 번역
ISBN 979-11-6249-051-8 03360 : ₩18000

법리학[法理學]

360.1-KDC6
340.1-DDC23　　　　　CIP2018033267

Selbstsein und Recht
by Rainer Zaczyk
Deutsche Erstausgabe im Verlag Vittorio Klostermann, Frankfurt am Main, 2014
Copyright © 2014 by Rainer Zaczyk
All rights reserved.

Korean Translation Copyright © 2018 by Todammedia
Published by arrangement with Todammedia
All rights reserved.

자기존재와 법

법철학적 연구

라이너 차척 지음

손미숙 옮김

토담미디어

한국어판 저자 서문

나의 저서 『자기존재와 법』이 한국어로 출판되는 것은 본인에게 큰 영광이자 기쁨이 아닐 수 없다. 깊이 감사드려야 할 두 사람이 있다: 한 사람은 이 책을 번역한 손미숙 박사이고, 또 한 사람은 이 책을 출간한 토담미디어의 홍순창 실장이다. 손 박사는 독일어만 완벽하게 구사하는 것이 아니라, 내 저서의 근간이 되는 철학 사상에도 정통하다.

이 책이 다른 대륙의 다른 언어로 번역되고 이 책을 출간한 홍 실장과 같은 용기 있는 출판인을 만난 사실에서 좋은 점은 이로 인해 이 책의 핵심 사상 중의 하나가 분명해진다는 것이다: 인간은 언어나 문화에 상관없이 '자기존재'이며, 모든 문화적이고 국가적인 특성과 무관하게 자기 자신을 하나의 통일체로 이해하는 자각적인 존재이다. 이를 이 책의 제1장에서는 '자율성'으로 표현한다. 또한 불교와 유교 및 서구의 주체성을 예로 들어 자율성은 각각 어떻게 묘사될 수 있으며, 분명 자기중심적인 개별성을 말하는 것이 아님을 밝히고 있다.

이 책의 제2장에서는 제1장의 사고가 확장된다. 자기존재는 오로지 타인과의 관계에서 나오는 것으로 이해할 수 있다. 따라서 자립적인 존재성과 공동체, 통일성과 차이성이 어떤 방식으로 공존할 수 있는지에 대한 과제가 해결되어야 하는 것이다. 이러한 상호적인 승인의 토대에 법은 기인한다. 끝으로 서로 이행하는 법적인 현존의 세 지평이 펼쳐지게 된다: 그것은 바로 인간계의 곳곳에서 인격체 상호 간의 법관계, 헌법에 기초하여 제정된 공동체(국가), 그리고 국가들 서로 간의 관계이다.

2018년 5월 독일 본(Bonn)에서

라이너 차칙

Vorwort
zur koreanischen Ausgabe von
"Selbstsein und Recht"

Es ist eine große Ehre und Freude für mich, dass mein Buch „Selbstsein und Recht" in koreanischer Sprache erscheinen kann. Zwei Personen sind es, denen ich großen Dank schulde: Zum einen ist das Frau Dr. Misuk Son, die den Text übersetzt hat, zum anderen Herr Sunchang Hong, in dessen Verlag das Buch erscheint. Frau Dr. Son beherrscht nicht nur die deutsche Sprache perfekt, sie ist darüber hinaus mit dem philosophischen Denken vertraut, das meinem Buch zugrunde liegt.

Das Schöne an der Tatsache, dass dieses Buch in eine andere Sprache eines anderen Kontinents übersetzt wurde und sich mit Herrn Hong ein mutiger Verleger fand, der es veröffentlicht, liegt daran, dass damit einer der wesentlichen Gedanken dieses Textes sichtbar wird: Jeder Mensch, gleichgültig welcher Sprache und welcher Kultur er ist, ist ein „Selbstsein" – ein bewusstes, sich selbst als Einheit verstehendes Sein unabhängig von allen kulturellen und nationalen Besonderheiten. Im ersten Teil des Buches wird dies als „Autonomie" bezeichnet. Dabei wird an den Beispielen des Buddhismus, des Konfuzianismus und der westlichen Subjektivität deutlich gemacht, wie „Autonomie" jeweils beschreibbar ist und sicher nicht für egozentrische Individualität steht.

Der zweite Teil des Buches erweitert den Gedanken des 1. Teils. Selbstsein kann nur aus einer Verbindung mit anderen Menschen hervorgehend begriffen werden. Daher muss die Aufgabe gelöst werden, wie Selbständigkeit und Gemeinschaft, Einheit und Differenz zusammen bestehen können. Auf dieser Basis gegenseitiger Anerkennung beruht dann das Recht. Es werden schließlich drei Horizonte rechtlichen Daseins entfaltet, die ineinander übergehen: das interpersonale Rechtsverhältnis, die verfasste Gemeinschaft (Staat) und das Verhältnis der Staaten zueinander in der einen Menschenwelt.

Rainer Zaczyk
Bonn, Mai 2018

역자 서문

　이 책은 독일의 저명한 법철학자이자 형사법 교수인 차칙의 2014년에 출간된 『자기존재와 법』을 우리말로 옮긴 것이다. 결코 가볍지 않은 이 책의 제목에서도 이미 드러나듯이, 저자의 핵심주장은 인간 존재와 법은 결부되어 있다는 것이다. 저자에 의하면 인간은 본디부터 법적으로 생각하고 행위하는 존재이며, 자기존재 속에는 개념상 타인에 대한 승인이 항상 내포되어 있고, 법의 핵심개념은 자(기)의식과 자유이다. 이러한 인간 존재와 법의 관계를 저자는 칸트에서 비롯되는 독일 관념철학을 토대로 강력한 사유의 힘에서 매우 인상적인 방법으로 논증한다.

　칸트가 제기한 인간이란 무엇인가라는 철학적 물음은 법에서의 인간 존재가 제대로 규명될 때에 비로소 온전히 답해질 수 있는 것이다. 법은 인간의 특징인 자율성(自律性)의 표출로서 자율성 개념은 칸트 (법)철학의 성과이기도 하다. 저자는 서구적 의미에서의 이 자율성 개념을 바탕으로 인간들을 연결하는 보편적인 법원칙을 찾기 위해 사유의 폭을 — 놀랍게도 — 불교와 유교까지 넓혀 더 확장된 의미에서 유연한 자율성 개념을 제시하고 있다.

　자율성으로 파악하는 자기존재의 중요한 특징은 인간의 실천, 넓은 의미에서 행위이며, 이 속에서 의식과 삶이 특별한 방식으로 결합한다. 그래서 법규정이 지나치게 추상적이거나, 지나치게 타율적이거나, 지나치게 냉혹하면 — 이미 한국 근대법의 역사적인 경험에서도 알 수 있듯이 — 더 이상 자신의 것으로 체험할 수 없게 된다.

　또한 자율성에 근거한 인간존엄은 차칙에 의하면 권리가 아니라, 모든 법의 기초이다. 인간존엄으로부터 모든 인간은 자기 스스로의 삶을 영위할 수 있고 또 해야 한다는 것이 도출된다. 이런 맥락에서 법은 — 타인과 공존하는 닫힌 구인 단일한 세계에서 — 서로의 존재를 보장하기 위한 것이며, 법의 과제는 개개인의 존재를 보장하는 삶의 관계를 만드는 것이다. 이런 이유로 법 공동체의 모든 구성원은 또 모든 타인에게 생존유지와 보장권을 가지고, 이 권리는 공동으로 생산한 재화에 대한 할당권으로서 나타난다. 이것은 공동체의 재화를 공동생산하는 개개인 각자의 능력에 달려 있는 것이 아니라, 이 공동체에 태어났다는 사실 그 자체에서 부여되는 것이다. 하지만 이와 같은 사회적인 법의 사고는 결코 자명한 것이 아니다. 그리고 저자에 의하면 법원은 한 나라의 정의라고 할 수 있으며, 법관은 법의 화신이다.

이러한 토대에서 이 책은 개개인의 법에서 출발하여 헌법에 근거한 국가의 법, 그리고 세계 법질서인 국가들 간의 법까지 점차적으로 나아가는 법의 파노라마를 보여준다. 이 책에서 저자가 강조하는 인간의 자기존재가 녹아들어 있는 법과 공동체에 대한 이해는 특정한 문화에서 경험하는 법의 사실성이 아니라, 자기존재의 선험적인 관점에서 인식한 법의 모습이라고 할 수 있다. 이러한 통찰은 법의 견고한 토대뿐 아니라, 기능적이고 정치적인 현실의 법이 나아가야 할 원래의 방향을 제시해주기도 한다. 법을 인간의 특정한 행동을 지배하고 통제하기 위한 타율적이고 강제적인 사용규칙 정도로 여기고 인간의 자유와 정신을 말하는 것이 시대착오적으로 여겨지는 시대에 자기존재에 대한 근원적인 성찰과 이해를 바탕으로 한 법에 대한 사유가 이 책을 읽는 모든 독자들에게 법에 대한 신뢰와 환희를 되찾게 해 줄 수 있기를 바란다. 또 주의 깊은 독자들은 본문 밑의 각주에 숨어 있는 많은 개별 (법)문제의 사유적인 단초들을 놓쳐서는 안 될 것이다.

사상적으로나 언어적으로 매우 감동적인 이 책의 독일어 원문이 한국어 번역에서 제대로 전달되지 못한 부분이 있다면 이는 전적으로 역자의 부족한 역량 탓이다. 끝으로 이 책의 저자인 차칙 교수님께 깊은 존경과 고마움을 표하며, 이 책의 출간을 흔쾌히 승낙하고 좋은 표지사진을 제공해준 토담미디어의 홍순창 실장에게도 감사드린다.

2018년 8월 손미숙

서론

제1장
자율성으로서의 자기존재

제2장
자율성과 법

결론

자기존재와 법

서론

1. 인간의 존재와 법의 개념

아래의 사고과정은 모든 인간의 존재와 법의 개념은 결부되어 있는 것임을 보여줌과 동시에 이를 (재)자각하게 할 것이다. 칸트가 제기한 "인간이란 무엇인가?"[1]라는 철학의 근본물음은 이 질문에 대한 대답에서 법이 인간에게 적절한 입장을 취할 때에 비로소 온전히 답해졌다고 할 수 있다. 이는 단순히 보편적 인권들의 근거지움에 관한 것보다 훨씬 더 중요한 문제이다.[2] 이 책의 제목에서 인간의 '자기존재'라고 함은 인간의 개인성과 단독성을 지적하는 것이지만, 또한 인간의 성찰능력을 나타내고 있다.[3] 인간은 한 개인일 뿐 아니라, 이를 또 알고 있으며 이 앎을 통해서만 각 개인으로 파악될 수 있다. 그렇지만 인간에게 이 앎은 오직 타인에 대한 관계를 통해서 가능하다. 이것이 이

---

1 *Kant*, Logik, A 25 = AA 9, 25. 또한 동저자의 KrV, B 833 = AA 3, 522도 참조. 칸트의 저작들은 — 그의 생전에 출간된 것은 — 10권이나 12권 전집으로 발행된 문고판(Taschenbuchausgabe, Darmstadt 또는 Frankfurt/Main)을 토대로 한 6권 전집의 빌헬름 바이쉐델(*Wilhelm Weischedel*) 판을 인용했으며, 특히 이 판에 적힌 원본 번호를 인용했다(A는 제1판을, B는 현존하는 한 제2판을 가리킨다; 참고문헌도 참조). 또 인용문을 더 잘 찾을 수 있도록 이른바 아카데미판(Akademieausgabe)[= AA]의 출처를 표시했다. — 1797년 칸트의 〈도덕형이상학(Metaphysik der Sitten)〉에 있는 법론은 'MdS'라는 약칭과 면 수 및 조문으로 인용했다.

2 복수 '인권들(Menschenrechte)'은 이미 근거지움의 단순화를 보여주며, 더욱이 인권이 경험적으로 축소될 위험을 지니고 있다는 것도 드러낼 것이다; 이에 대해서는 *Köhler*, Das angeborene Recht, 63면, 82면 이하; *Hoffmann*, Freiheit als Ursprung des Rechts, 16면 이하; *Zaczyk*, Wie ist es möglich, ein Menschenrecht zu begründen?, 259면 이하 참조.

3 본 연구는 그 출발점에서 하이데거를 계승하는 법존재론(Rechtsontologie)에 근접해 있지 않다; 이에 대해서는 *Heidegger*, Sein und Zeit, 113면 이하, 그리고 *Maihofer*, Recht und Sein, 83면 이하; 하이데거의 사회존재론(Sozialontologie)에 대해서는 또 *E. Düsing*, Intersubjektivität, 19면 이하, 그리고 *Theunissen*, Der Andere, 156면 이하 참조. 하이데거는 자의식의 철학을 무력하게 만들었으며, 하지만 이것은 이 철학의 사실적인 문제를 고려하지 않은 댓가를 치르고서 한 것임을 디터 헨리히(*Dieter Henrich*)는 적절히 언급했다(Fichtes ursprüngliche Einsicht, 231면). — 깊이 생각해 볼만한 가치가 있는 것은 라이너 빌(*Reiner Wiehl*)의 문장이다: "헤겔과 하이데거는 의심의 여지 없이 현대 철학사의 위대한 양 대척자이다."(Komplementarität von Selbstsein und Bewusstsein, 44면 이하, 49면). 자연에서 지구 정 반대편에 있는 대척자는 지구를 하나로 연결한다. 그러나 철학의 대척자들 간에는 어떤 관계가 있는가?

책의 제1장에서 정확하게 개진될 것이다. 자기존재는 일반적으로 의식적인 삶이라고 말할 수 있고, 법과 의식적인 삶은 내적인 관계 속에 있으며, 단순히 외적으로만 서로 관련된 것이 아님이 뒤에서 서서히 입증될 것이다. 인간존엄적인 삶을 사는 것은 이것이 법에서도 실천될 때에만 가능하다. 이 진술은 보편적인 요구이며, 따라서 서구의 사상세계에만 국한되는 것은 아니다. 이것은 행해져야 하는 근거지움에 대해 자기존재가 이 같은 보편적인 진술을 지니도록 그렇게 원칙적으로 규정될 때에만 성공할 수 있음을 의미한다.

이 사고과정의 설명에서는 원래 단지 재-자각이나 상기에 관한 것임을 앞서 말했을 때, 이는 법의 근원성에 대한 앎은 인간의 본성에 관한 모든 깊은 사유 속에 늘 내재되어 있지만, 그러나 항상 분명히 깨닫고 있는 것은 아님을 암시하는 것이다. 그러므로 그 내용을 사유하면서 추론해야 한다. 하지만 이때 해야 하는 작업은 본질적인 부분에서는 사고에서 이미 이루어 놓은 것에 대한 단순한 상기이다. 이를 곧잘 그리고 적절한 이유로 정신사에서의 각 저자들의 이름과 연결시키고 있다. 이 글에서 이러한 이름으로 먼저 칸트를 인용한 것은, 이를 통해 칸트와 함께 인간정신의 자기계몽이 여정을 시작했다는 것과 법의 근본이해를 위한 주요 저작들은 이에 힘입고 있음을 말하고자 함이다. 그렇지만 자기계몽의 원칙을 단순히 맹목적으로 반복하게 되면 그 원칙들에 의해 규명된 자기사고의 활력을 저버리는 것이 된다. 찾아낸 진술들의 보편성을 뒷받침하고, 여기서 도출되는 다른 결론들을 법에 연결시킬 수 있도록 이 사고방법의 특정한 논점들을 다시 한 번 더 정확하게 고찰해야 할 것이다.

이러한 현재화시키는 숙고가 필요하다는 것은 계몽에 대한 자긍심에서 서구의 자만이 ― 세계적인 관점에서 ― 완화되어야 한다는 또 다른 성찰도 보여주고 있다: 계몽사상의 본질에서 발전된 법이해가 일반적인 법이해는 말할 것도 없고, 법학의 이해에 있어서 또 현재 서구에서만 기초로 삼고 있다고 하는 것은 어불성설이다. 자유, 평등, 민주주의와 같이 위대하고 자주 사용되는 말들을 그저 경건하게 신뢰만 하지 말고 세밀히 관찰해보면 일부는 후견적이고-전제주의적인 정치구조, 사회관계 속에서의 극단적인 모순[4] 그리고 과거의 식민지를 연상시키는 타공동체에 대한 비양심적인 착취의 윤곽이 적나라하게 드러난다.[5] 세계가 어떠해야 하는지를 서양이 가르치려 들기 전에 실제로 이를 할 수 있는 스승의 자격을 갖추었는지 여부를 철저히 검토해 보아야만 할 것이다.

그 밖에도 사상적으로 이미 성취해 낸 것 보다 법현실이 뒤쳐져 있는 이유는 법을 대부분 인간과 인간의 행동을 외적으로 규제하는 질서수단으로 이해하기 때문이다. 법의 명제들은 — 변화무쌍한 권력과 힘에 의해 찬탈되어 — 인간의 삶을 지배하고 인간을 복종시키는 사회과학기술의 규범으로 폄하되었다. 외적인 권력이 이러한 규칙들을 만드는 동안 그 규칙들의 일반적인 효력과 규정성으로 자유를 성취할 수 있다는 상상에 빠질 수도 있다 — 이렇게 한다면 분명 자유와는 맞지 않는 것이며, 이러한 법이해는 법을 자신들의 것으로 여기고 그 법과 더불어 살아가야 할 사람들과 원칙상 그리고 만회될 수 없을 정도로 유리되어 있다.[6]

그렇지만 이 그릇된 법사고에 대한 매력 속에는 또 이미 언급한 당위규범에 대한 권위적이고 독재적인 상상이 얼마나 뿌리 깊이 박혀있는지도 드러난다. 이는 그들의 정치적 지위를 자유롭고 평등한 선거, 즉 국민의 덕택이라고

---

4 예: 인격성을 부정하는 대량실업 또는 임금노예(저임금)에 대해 추상적 자유를 지속적으로 높이 평가하는 것. 이에 대해서는 *Köhler*, Das ursprüngliche Recht auf gesellschaftlichen Vermögenserwerb, 317면 이하 참조.

5 흔히 "신-자유주의"로 특징되는 세계모델에 대한 비판은 예를 들어 *Stürner*, Macht und Wettbewerb, 풍부한 참고문헌과 함께 책 여러 곳. 이 세계유형이 '인도주의 이상'과 광범위한 모순관계에 있음은(언급한 *Stürner* 책, 131면) 확실하다.

6 흔히 언급되는 유럽연합과 유럽연합에 의해 제정된 규칙이 "시민과 유리되어 있다"는 것은 이러한 잘못된 법이해에 대한 결과이다. 독일 연방헌법재판소는 2009년 6월 30일자 판결(BVerfGE 123, 340면 이하, 이른바 리스본 판결)에서 반대 진영에 법적 힘을 부여했다.

하는 것에서도 그렇다. 그러나 확실한 것은 이러한 그릇된 가정은 (서구에서도) 장기적으로는 인간 존재의 자기계몽 및 이와 더불어 형성되고 주장되는 모든 개개인과 개개인의 이성의 자기 권리에 대한 확신과 보조를 맞추지 못하게 될 거라는 것이다.

2. 법철학의 과제

모든 인간의 권리에 관한 보편타당한 진술을 하기 위한 시도는 서구 법사고에 대한 근본적인 비판도 내포하고 있다. 이 책에서는 문제를 법철학적 관점에서 접근할 것이다. 인간이란 무엇인가라는 질문은 이 질문과 동시에 한편으로는 주제 면에서 제한되는 것이지만, 다른 한편으로는 철학과 철학이 해야하는 전체적인 방향설정의 직접적인 관심사가 아닌, 특별히 법과 관련한 다른 질문에 대해서도 논하게 만든다.

법학과 법학의 기초학문의 좁은 영역 내에서 여기서 필요로 하는 논증활동은 오로지 법철학에 의해서만 행해질 수 있다. 법과 관련된 다른 어떤 기초학문도 (법의 이해에 대한 각각의 고유한 능력들을 결코 과소평가하지 않더라도) 그 노력의 영역에서 동일한 결과를 얻어낼 수가 없다: 법이론은 그 대상으로서 규범과 규범의 타당성을 전제하고 있다;[7] 법사학은 무엇이 과거에 법이었으며, 어떻게 법으로 되었고, 오늘날 무엇이 법으로 유효한지에 대한 통찰을 전수해준다;[8] 비교법은 법사학의 시간 축을 수직에서 수평으로 돌려 무엇이 현재 법으로서 사실상 유효한지를 주로 묘사한다.[9] 이 모든 기초과목들은

---

[7] 법이론 및 법의 '효력 근거' 규정에 관한 적절한 한계에 대해서는 예컨대 *Rüthers/Fischer/Birk*, Rechtssoziologie, 난외번호 53, 난외번호 332 이하 참조. 여러 가지 관점에서 인상적인 1965년 이후의 법이론적인 노력에 관한 개요는 *Hilgendorf*, Renaissance der Rechtstheorie에 있다.

[8] 예를 들어 *Kroeschell*, Deutsche Rechtsgeschichte 1, 1면 이하, 6면 이하에 나오는 간명한 논평 참조 — 하지만 사학은 역사의 근거와 목적에 대해 묻는 즉시 (역사)철학의 영역에 발을 들여 놓는 것이 된다.

[9] 비교법의 일반방법론에 대해서는 *Zweigert/Kötz*, Einführung in die Rechtsvergleichung, §§ 1-4 참조.

법의 내용에 대하여 비판적으로 반론하기는 하지만, 기초에 대한 확신, 즉 법철학 없이는 불가능하다.[10]

법철학의 연구에 가장 근접한 것으로는 법사회학을 들 수 있는데, 이는 법사회학이 법철학의 핵심 개념인 사회(또는: 공동체[11])를 연구의 중심에 두기 때문이다. 그러나 법의 이 구성요소에 대한 확정에서 법사회학은 기초가 되는 다른 요소들(개개인, 국가, 여러 국가들)을 필연적으로 놓치게 되든지 아니면, 개개인과 관련해서는 법사회학적인 관점에서 사회적으로 구성된 개체들로서의 판단만 얻게 된다. 니클라스 루만(Niklas Luhmann)의 법사회학은 이 사고의 가장 철저하고 정선된 가설인 동시에 그 결함의 가장 확실한 예이기도 하다.[12] 법에 대한 이 이해를 장래 법의 최종근거로 격상시키려고 한다면, 외형은 발전된 현대의 최신 이론이라고 하면서 그 내용은 옛 사고의 수준에도 못 미치고 오히려 퇴보하는 외견상 모순되는 역방향의 진행 속에서 시간 축을 계몽이전으로 되돌려놓음과 동시에 20세기의 가장 큰 오류 중의 하나인 바로 주체의 말살을 고착화시키는 것이 될 것이다.

따라서 주제에서 표현한 논증활동을 하는 것이 법철학의 과제라고 한다면, 법철학은 이를 자신의 분야에서 철학의 결과와 무관하게 해낼 수가 없다. 이미 도입부문에서 칸트의 저작들을 지적했었다. 칸트의 사고에서 기인하는 독일 관념론과 이를 통해 가능하게 된 사고형태는 또한 이 글의 범위 내에서 설

---

10 본문의 설명을 간결하게 요약한 것은 *Hoffmann*, Freiheit als Ursprung des Rechts, 16면 이하(왼쪽 단락 17): 경험적인 법고찰은 이와 무관하게 이미 법으로 불리는 것을 법으로 간주한다; 철학적인 법고찰은 어떠한 '법근거'에서 법이라고 하는지에 대해 묻는다.

11 페르디난트 퇸니스(*Ferdinand Tönnies*)가 공동사회(Gemeinschaft)와 이익사회(Gesellschaft)라는 개념으로 결부시킨 구분은 그러나 여기서는 수용하지 않고 문제삼지 않기로 한다; *Tönnies*, Gemeinschaft und Gesellschaft 참조.

12 *Luhmann*, Rechtssoziologie; 동저자, Recht der Gesellschaft; 법적 관점에서는 *Jakobs*, Norm, Person, Gesellschaft. – 법에 사용된 유르겐 하버마스(*Jürgen Habermas*)의 담론이론도(Faktizität und Geltung 참조) 행위의 사회학적 근거지움을 묘사하지만, 하버마스에게서 그 고유한 근원(루소와 칸트)은 오래 전에 시야에서 놓쳤다는 것이 드러나게 될 것이다(이에 대해서는 또 *Köhler*, Menschenrecht, 133면 이하). 모두 여기서 언급한 빈번히 적중하는 개별 관찰들, 특히 사회의 다른 부분영역과 관련해서는 문제시하지 않았다.

명해야 하는 문제에도 결정적이다. 이 때문에 자의식과 자유는 법의 중심개념이 된다. 이 사고가 18세기에서 19세기의 전환기에 일어났다는 사실에서 현재의 우리에게는 더 이상 말해줄 것이 없다고 흔히 추론했다. 하지만 이 항변은 피상적이며 많은 것을 간과하고 있다. 이것은 ─ 첫째로 ─ 이 철학과 더불어 (유럽 계몽 속으로 깊이 파고든 것을 포함하여) 인간의 자기가치가 전대미문의 수준으로 고양되었음을 부인할 수 없을 것이다; 오늘날 인간존엄의 보편개념에 대한 근거를 흔히 칸트의 자율성 개념에서 찾고 있다.[13] 법의 근거지움에 대한 이 사고의 성과를 함께 고려하지 않는다면, 이 사고를 통해 쟁취한 인간성에 대한 잠재력을 잃게 되는 것이다. 그러나 이 사고의 논증능력과 관련시킴으로써 ─ 둘째로는 ─ 토대를 그저 수동적으로 수용만 한 것이 아니라, 동시에 (역시 한 문화의) 자기비판을 포괄하는 사고의 비판력도 갖게 되었다. 왜냐하면 어쨌든 현재의 근대-서구적 주체가 자신의 고유한 가치에 대해 매우 확신하고 있으며, 이제는 이 입장을 위한 근거들과 함께 또 그 한계도 분명히 보여주어야 할 필요가 있음을 부인할 수 없기 때문이다. 셋째로 이 철학은 사실은 한 번도 잊혀진 적이 없으며, 또 인간의 사고를 탁월한 방식으로 스스로에게 돌아오게 했기 때문에 잊혀질 수가 없었다; 오늘날까지도 이 철학은 유력한 해석자들에게 주목 받았다.[14] 하지만 마지막으로 그리고 결국은 인간의 본성에 관한 근본문제와 밀접한 물음이며, 이에 대한 모든 대답은 공간적으로

---

13 예컨대 *Luf*, Menschenwürde als Rechtsbegriff, 265면 이하; *Enders*, Menschenwürde in der Verfassungsordnung, 특히 189면 이하 비교; 또한 *Bielefeldt*, Philosophie der Menschenrechte, 특히 45면 이하; 동저자, Auslaufmodell Menschenwürde?, 36면 이하 참조.

14 쇼펜하우어(*Schopenhauer*)는 칸트 없이 그리고 ─ 이는 말해두어야 한다 ─ 피히테 없이는 이해할 수 없으며, 맑스(*Marx*)는 칸트와 피히테 그리고 헤겔 없이는 이해할 수 없다. 피히테와 헤겔은 그들의 방식으로 프랑스 철학에 큰 영향을 주었다. 이에 대한 아주 적절한 언급은 *Boyd*, Goethe, 제2권, 264면: "여기서 [즉 피히테의 자의식의 철학에서] 도출되는 도전, 모든 부정과 차이 및 또 모든 개념형성과 동시에 결국 모든 사회적 그리고 심지어 모든 자연적 관계를 우리들 자신의 동일성 규정의 창출로서 이해하는 것은 ─ 자기해석의 근본적인 행위 후에 따르는 보충적인 해석행위로서 ─ 탈구조주의 시대에서조차 제대로 수용되지 않았다." 유르겐 하버마스(*Jürgen Habermas*)도 ─ 초기부터 그리고 마지막 작품까지 ─ 이 전통에 있다. 현재 가장 중요한 해석자는 디터 헨리히(*Dieter Henrich*)이며, 그의 저서 『사유와 자기존재[Denken und Selbstsein]』에 이 책의 제목(자기존재와 법)도 연결되고 있다.

지역화되거나 시간적으로 역사화되는 것이 아니라, 진리 그 자체를 목표로 한다: 진리는 그러나 시대적으로 제한되는 것이 아니다.

3. 과제의 한결같은 시사성

왜 근본적으로 인간의 존재 그리고 의식과 연결된 법에 대한 이해가 자유 및 이성이라는 개념과 더불어 모든 사상적인 수단을 가졌던 대륙에서도 아직 일반적으로 관철되지 못했는가에 대한 이유를 묻는다면, 그 대답은 복잡한 형상을 보여준다.[15] 개개인의 관점에서 보면, 법의 당위요청은 타인의 의사에서 기인하는 것으로 경험하며 그래서 법과 개개 의식은 마치 당연히 분리된 것처럼 여겨진다는 단지 그 이유로, 법은 개개인에게 어떤 외부적인 것으로 나타나야 하는 것이다. 이 인상은 오랫동안 로마법의 효력 하에 있었던 유럽의 나라들에서는 더 강했으며, 로마법은 관리인의 언어와 표현에 있어 그 나라들에게는 낯선 법이었다. 그리고 이 인상은 또 18세기까지 (독일에서는 더 오랫동안) 절대적인 관계였던 정치관계와도 결부되었다; 원리상으로도 개개인은 법의 제정에서 배제되었고, 오히려 법에 예속되었다. 그런데 이제 이 시대는 18세기와 19세기의 혁명 및 독립운동과 더불어 종말을 맞이했다고 생각할 수 있을 것이며, 자유와 이성이라는 모토는 결국 이 시대에서 유래하고 있다. 하지만 이러한 개념의 의미와 형성력의 발견 그리고 이 개념들을 실제 살아있는 관계로 전환하는 것은 별개다. 이는 우선 사고형태와 삶의 형태는 매우 느리게 변화한다는 것이 그 원인이다. 이것은 세계에 대한 인간의 기본입장은 패션현상과 유사하다고 여기는 현재의 성급함에 의해 너무 쉽게 가려져 있다. 사실 이러한 기본입장에 있어서의 변화는 수백 년간의 노고(와 또 교육작업)

---

15 이에 대해서는 또 *Zaczyk*, Theorie und Praxis im Recht, 33면 이하 비교.

이다. 따라서 인간의 자유와 독립의 역사는 겨우 그 시작에 있다는 주장을 적절한 이유에서 할 수 있게 된다. 하지만 어쨌든 자신의 행복이 이에 대한 권리를 보장받는 한, 자립성에 필요한 걸음에서 타인의 권력에 의해 자신의 삶이 지배되도록 하는 것이 얼마나 편안할 수 있는지를 과소평가해서는 안 된다. 왜냐하면 자신의 행복은 현존재의 강력한 동기이기 때문이다; 이는 아주 쉽게 얻을 수 있는 모든 자기성찰의 결과이다. 그리고 정치적으로 보면 '빵과 서커스(panem et circenses)'는 항상 그랬듯이 이미 로마 황제시대에도 국민을 마취시키고 진정시키는데 정평이 나 있던 수단이었다.

칸트가 계몽의 표어를 "너 자신의 오성을 사용할 용기를 가져라"라고 표현했을 때, 바로 그 다음 문장에서 그는 이를 실현함에 있어서의 실천적인 어려움을 기술했다: "대부분의 사람들이 자연이 오래 전에 그들을 타인의 지도에서 벗어나게 했는데도 불구하고 (본래 성년인데도, naturaliter maiorennes) 평생 미성년 상태에 머무르는 이유, 그리고 타인들이 손쉽게 후견인으로 자처하고 나서는 이유는 게으름과 나약함이다. 미성숙 상태로 있는 것은 매우 편하다."[16]

칸트의 이 문장의 결론을 실천을 위해 자세히 고찰하기에 앞서, 여기서 먼저 이미 앞서 언급한 것에 이어 타관점을 수용하고 그리고 후술하는 것을 위해 그 의미를 설명해야 한다. 이때 칸트의 이름을 거론하고 뒤에서 철학 전통의 다른 이름들과 관련시키면, 곧 계몽의 직접적인 결과로서 저자들의 이름과 작품을 거론하는 것이 결코 그 사고에 대한 복종으로 이어지는 것이 아니라는 것을 지적해 두어야 한다. 중요한 것은 오히려 (논박의 여지가 없는) 성과에 대한 적극적인 연결이다. 사고에서의 성숙은 단일한 사유공간에서 자신의 통찰을 얻는데 있다. 코페르니쿠스(Kopernikus)는 태양을 행성체계의 중심에

---

16 *Kant*, Was ist Aufklärung?, A 481 = AA 8, 35.

두었고, 칸트는 인간의 이성을 사유의 중심으로 설정했기 때문에 그의 철학을 적절하게 사유의 코페르니쿠스적 전회라고 불렀다. 이로써 또 사유의 중심은 이성의 능력을 통해 이성의 건축술을 설명한 권위가 아니라, 오로지 이성 하나 만이 될 수 있게 하였다. 칸트 자신은 철학하는 것을 배울 수 있는 것이지, 철학을 배울 수 있는 것이 아님을 지적했다.[17] 또한 아래의 설명에서 전통의 저자들을 관련시키게 되면, 이로써 근거지움을 면해서는 안 되고, 오히려 오래 전부터 성취한 사유의 업적을 과제로 삼음으로써 그 타당성이 실증되어야 할 것이다.

4. 사고과정의 토대인 인간의 자기존재

지금까지의 내용을 볼 때 본 연구의 제목에서 왜 자기존재가 먼저 나오는지가 분명해졌을 것이다.[18] 그러나 이것이 또 법의 문제에 관한 유용한 단초라는 것은 아직 더 정확히 입증되어야 한다. 이에 대해 이미 이 도입적인 논평에서 지적할 수 있는 것은 오늘날 크게 유행하고 있는 인간존엄과 인권들에 대한 의견은 그 근거를 인간의 자기존재 개념 속에 있는 깊은 곳까지 확인했을 때에만 보편적 효력을 요구할 수 있다는 것이다. 아직 이것이 정신적 공공자산이 결코 아니라는 데는, 이미 앞에서 언급한 사정은 별문제로 하고, 두 개의 또 다른 막강한 이유가 있다:

첫째 이유는 법을 물리학에서의 외부 세계와 같은 유사한 방식으로 사유를 대상에 대해 몰입할 수 있는 이론적 관찰의 대상으로서 파악하는데 있다. 그

---

17 *Kant*, Nachricht von der Einrichtung seiner Vorlesungen, A 5 = AA 2, 306.
18 본 연구는 에른스트 아마데우스 볼프(*Ernst Amadeus Wolff*)의 선행 연구에 힘입고 있음을 여기서 분명히 해 두고자 한다; *Wolff*, Das neuere Verständnis von Generalprävention, 786면 이하와 Abgrenzung von Kriminalunrecht, 137면 이하 참조. 이 논문들의 제목이 주는 외관과 달리 이 논문들에서는 단순히 형법철학을 논하고 있는 것이 아니라, 근본적으로 법의 근거지움을 해내고 있으며, 이러한 법의 근거지움에서 개별문제들로 넘어가고 있다.

럼으로써 법의 존재는 전제되고, 찾고자 하는 법명제의 생성과 효력 및 소멸은 관찰자의 관점에서 얻어지게 된다. 따라서 본문에서 주장하는 (필자의) 입장에 대한 정반대는 예컨대 올리브 웬델 홈즈(Oliver Wendell Holmes)의 유명한 문장에서 표현되고 있는 미국 법현실주의의 태도이다: "주제 넘는 것이 아니라, 법원이 실제로 할 것이라는 예견이 법에 대한 나의 이해이다".[19] 이 태도는 결국 대부분 반드시 사회기술학으로 귀결되는 법의 기능적 고찰과 매우 밀접한 관련이 있으며, 그 연원은 정치적으로는 절대주의에 있고, 오늘날 '올바른 통치(good governance)'라는 표현에서 최고의 성황을 누리고 있다.

이 첫째 이유에 복합적인 방식으로 둘째 이유가 연결된다. 둘째 이유는 존재와 당위의 구별에 대한 수 백 년 된 통찰에 있다.[20] 이 구분으로 소위 (존재를 근거로 당위를 추론하는) 자연주의적인 오류가 밝혀지는 한, 두 영역의 정언적 구분에 대한 지적은 타당하다. 하지만 여기에 더 포괄적으로 당위의 세계는 존재의 세계와 근본적으로 구별된다는 주장을 연결시킨다면, (칸트를 포함한) 실천철학의 매우 중요한 성과를 은폐하는 이상주의적인 오류를 범하게 되는 것이다. 왜냐하면 이로써 인간의 세계가 어떠해야 하는지에 대한 상상은 세계가 실제 어떠한지에 대한 주어진 사실과 근본적으로 아무런 관련이 없음을 말하는 것이기 때문이다; 양자는 현실에 대해 상상이 취하는 것과 같이 서로 유사한 태도를 취한다. 이것이 개개인을 추가적으로 행위무능력자로 만들며, 개개인에게는 더 이상 책임에 대해 묻지 않고, 오히려 그 삶은 당위에 의해 규정되어 버린다. 역설적이게도 바로 신칸트주의가 법에서 이러한 상상을 했으며, 이는 한마디로 오류이고, 특히 의미심장하게 한스 켈젠(Hans Kelsen)의 〈순수법론(Reine Rechtslehre)〉에서 결정적으로 전개되었다. 〈순수법론〉에서

---

19 *Holmes*, Path of Law, 461면.
20 이미 *Hume*, Traktat über die menschliche Natur, 211면 이하 참조. 그러나 이 구분에 대한 기초가 되는 것은 처음으로 *Kant*, GMS, BA 62 = AA 4, 427. 이에 대해서는 우선 *Ellscheid*, Problem von Sein und Sollen; 그 밖에도 *Schneider*(편), Sein und Sollen에 수록된 논문들; *Dreier*, Sein und Sollen, 329면 참조.

법은 먼저 인식의 대상으로 묘사되지만,[21] 그 다음 이 대상은 인간 존재와 완전히 분리되고, 순수한 '당위'로 간주되었다. ─ 처음에는 전혀 눈에 띄지 않는 ─ 자기결정적인 실천의 제거는 마침내 켈젠의 귀속론에서 분명해지고 있다: "인간에게 귀속시키는 것은 인간이 자유롭기 때문이 아니라, 그에게 귀속시키기 때문에 인간은 자유로운 것이다."[22]

하지만 이러한 진술로써 인간의 자기결정을 위해 계몽과 함께 시작한 운동에 대한 실 줄만 끊은 것이 아니라, 스스로의 역량으로는 결코 자신의 권능을 입증할 수 없는 실증주의를 또 후원한 것이 된다. 의식적인 삶 자체에 대해 타인의 관점에서의 이러한 단순화된 법사고가 어떻게 이 점에서 훨씬 더 내용이 풍부한 문화들을 제외해야만 하는지는 쉽게 상상이 될 것이다. 그러므로 법의 근거지움은 아래에서 보여주는 것처럼 달리 진행되어야 한다.

---

21 예를 들어 *Kelsen*, Reine Rechtslehre, 1면 참조.
22 *Kelsen*, Reine Rechtslehre, 102면; 반면에 이와 정반대되는 것은 *Kant*, MdS, Einleitung, AB 22 = AA 6, 223면. ─ 이미 오래 전에 행해진 비판은 *Kaufmann*, Kritik der neukantischen Rechtsphilosophie, 특히 20면 이하.

제1장

자율성으로서의 자기존재

I. 의식의 출발점

1. 의식과 사유

2008년 베이징에서 있었던 한 국제학술대회에서 '계몽'이라는 개념이 중국과 서구의 사고에서 무엇을 의미하는가라는 문제를 다루었을 때, 중국 측 참여자들의 분위기는 "우리에게 칸트를 들먹이려 하지 말라!"는 문장에 요약되어 있다.[1] 이것으로 '이성'이라는 보편타당한 개념에 대한 저항을 표현한 것이다. 중국의 관점에서 보면 이 개념은 보편타당한 것이 아닐 수도 있다; 말하자면 이 개념은 근거지움과 전개에서 지역적으로, 요컨대 서구에만 국한되는 것이라고 한다.

이 항변에 대해 가장 쉽게 생각할 수 있는 반응은 이 항변에서 바로 결여된 계몽을 보고, 그 다음 참여자들을 정신발육의 다양한 단계로 설정하며, 결국은 여기서 서양이 더 높은 단계를 쟁취했다고 주장하는 것일 수도 있다. 아무튼 이러한 입장을 현재는 누구도 명확히 취하려 들지는 않는다. 하지만 이것은 정신적 견지의 모든 상대주의와 다원주의를 변호하는 두 번째로 쉬운 해결책이 된다. 명확히 드러내는 것은 전면적인 무지를 시인하는 것이 될 것이다.

이 글은 인간을 연결시키는 일반원칙들에 대해 말하는 것이 월권이 아님을 입증해 보일 것이며, 가장 유력한 원칙들 중의 하나인 법원칙을 중심에 둘 것이다. 칸트의 사고는 이를 설명하는 과정에서 중요한 도움이 된다. 바로 이런 이유로 서두에서 인용한 중국 학자들의 항변을 쉽게 무시해버릴 수가 없는 것

---

[1] 2008년 4월 29일자 Frankfurter Allgemeine Zeitung, 40면 참조.

이다. 항변에서 나타난 저항이 이유가 있는지, 즉 타당한 것인지 아닌지 여부는 이 지점에서는 아직 완전히 미해결 상태로 두어야 한다. 다만 여기서는 칸트 자신도 이러한 저항을 이성이 "존재하는지" 또는 무엇이 이성"인지"에 대한 철학적 문제와 관련하여 생산적인 것으로 여겼을 거라는 처음에는 좀 이상하게 보이는 상황을 지적해 둘 필요가 있다. 이미 인용한 〈칸트의 1765-1766년 겨울학기 강의에 대한 소식(Nachricht von der Einrichtung seiner Vorlesung in dem Winterhalbenjahren, von 1765-1766)〉[2]에서 칸트는 가령 지리학에서 유클리드(Euklid)를 참조하게 하는 것처럼, 철학에서는 이해를 위해 어느 한 기본교재를 참조하도록 할 수 없음을 지적했다. 오로지 철학하는 것을 배우는 것이지, 철학을 배울 수는 없다고 한다.[3] 철학적 통찰을 위한 노력은 항상 이전의 연구에 의지할 수 있고 또 의지하게 된다. 하지만 이 노력에 불가피하게 부과된 것은 열중하고자 하는 모든 철학작품을 사유의 활력 속으로 되돌려서 옮기는 것이며, 사유의 활력에서 작품 자체가 나왔고, 이 사유의 활력이 성찰하는 자 편에서 사유에 문의하는 것이다. 이때 중요한 것은 사고의 힘을 통한 자극이지, 어떤 입장의 수동적인 인수가 아니다.[4]

그러므로 서양이나 동양의 사상가를 거론하기 전에 스스로 행하는 노력을 지탱하는 동시에 움직이는 역동적인 원칙이 존재하는지 여부에 관한 사전해명이 필요하다. 가능한 대답들의 차이를 살펴보기에 앞서 이를 연결하는 문제제기의 이유를 찾아내야 할 것이다. 이미 이 책의 서론부분에서 인용한 것처럼, 칸트는 이를 인간본성에 대한 문제 제기로 표현하였다.[5] 이를 출발점으로

---

2 *Kant*, Nachricht von der Einrichtung seiner Vorlesungen, A 3 = AA 2, 303면 이하.
3 *Kant*, Nachricht von der Einrichtung seiner Vorlesungen, A 5/6 = AA 2, 306면.
4 언어철학이 20세기에 그렇게 매력적이었던 이유 중의 하나는 분명 정신적 본질 그리고 언어철학의 타인을 향한 대화와 말의 활력이 소리나 문자에서의 경험적 고착과 결부되어 있다고 본 데 있다. 이 때문에 언어철학은 사유의 화용론을 위해 확고히 할 어떤 구체적인 것을 필요로 하며, 말하자면 언어에서 정신과 실질이 결합된다고 보았던 사고, 즉 영미철학의 광대한 부분에 근접했던 것이다. 이 관계에 대해 시사하는 바가 많은 것은 *Apel*, Wittgenstein und Heidegger, 215면 이하.

삼는다면 (상호문화적인 관점에서) 즉시 모든 괴롭히는-서양의 것을 양보해야 한다; 질문 자체는 보편적인 것이다. 그리고 보편적인 요구와 함께 이해를 위한 토대를 얻기 위해서는 유일한 다른 조치가 필요하다: 질문과 지금까지 주어진 대답은 스스로 자각하고 사유하는 존재로서의 인간을 지적하고 있다; 오로지 이러한 존재에게만 질문할 수 있으며, 오로지 이러한 존재만이 이 질문에 대한 타당한 대답을 할 수 있는 정신적 도구를 가지고 있다. 이때 사유는 (먹기, 마시기, 산책하기) 이 외에도 특별히 시작되어야 하는 활동으로 이해해서는 안 되기 때문에, 어떤 바둑문제를 해결하거나, 현수교를 고안하거나, 법문제에 열중하는 순간에 비로소 개시되는 것이 아니다.[6] 사유는 여기서 인간의 존재와 동일하고, 정신적 존재로서의 인간의 본성을 특징짓는 질(質)로 이해되며, 이는 세계와 자기 자신 그리고 타인에 대한 진술을 타당하게 하도록 해준다. 이러한 사유 개념의 동의어가 의식이다.

이렇게 사안을 돌려본다면, 도입부문에서 인용한 "우리에게 칸트를 들먹이려 하지 말라!"는 중국학자들의 외침이 어디까지 옳았는지 분명해진다. 왜냐하면 중요한 것은 칸트나 공자라고 하는 이름과 권위자를 지명하는 것이 아니며, 또 '이성'이나 '계몽'처럼 바위덩어리 같은 종류의 개념에 관한 것도 아니기 때문이다. 중요한 것은 오로지 인간을 연결하는 문제 제기에 대한 통찰과 대답의 가능성에 대한 요건이다. "우리에게 사유를 들먹이려 하지 말라!"고는 분명 어떤 참여자도 외치지 않았을 것이다.

이 점에서 모든 문화의 인간들이 항상 몰두했던 문제, 이 삶의 원인과 특성, 삶의 시작과 끝 그리고 절대자에 대한 물음들을 모아 볼 수 있다. 이 넓은 영역을 측량하는 것이 그 이름을 이미 '세상의 지혜(Weltweisheit)'라고도 번역했

---

5 앞의 서론, 각주 1 참조.
6 *Henrich*, Denken und Selbstsein, 21면 참조.

던 철학의 과제이며 성과이다.[7] 여기서 제기한 법철학의 부분 과제를 위해서는 성찰의 전개를 위해 이 영역 내에서 본질적인 요소를 더 정확히 고찰해야 한다.

2. 자기관계와 세계관계

인간의 존재와 의식에 대해 숙고하는 것은 탁월하고 간과할 수 없으며 소멸될 수 없는 이 숙고의 장소, 아직 설명하지 않은 자의식으로 이해한 개개인의 의식을 항상 고려해야 한다. 객관적인 정신이나 절대자의 그 어떤 말도 이 주어진 상황을 부정할 수 없으며, 이 주어진 상황 자체는 이 장소(= 개개인의 의식)를 출발점으로 하고 있다. 사유를 그 자체를 떠받치고 있는 중심으로부터 분리시킨다면 너무 쉽게 너무나 공허한 관념으로 되어 스스로에게는 손해가 되고, 타인에게는 위험이 된다.[8] 이와 반대로 인간의 자기존재를 설정해야 하며, 이를 사유하는 것은 앎과 결부된 모든 조건을 포함한 자기존재에 관한 성찰적인 앎의 통합을 통해서만 가능하다. 모든 세계인식(= 세계정립)의 이 토대는 보편적이다; 모든 세계관계에는 자기관계가 있다.[9]

이 단순한 진리에서 19세기와 20세기에 중대한 오해가 생겼다. 이 단순한 진리와 더불어 주체의 급등과 만능이 주장된 것도 아니고, 각기 주관적인 세계구조의 무리 속으로 진리의 붕괴를 초래한 것도 아니다.[10] 확고히 해야 하는 것은 단지 주체가 없는 사유, 주체가 빠진 의식은 무의미한 개념이라는 것에

---

7 여기에 '종교'라는 용어를 사용하기를 원하는 사람은 종교와 철학 양자는 대상에 대한 진리를 가지고 있다고 한 헤겔의 말을 상기해보라(Enzyklopädie der Philosophischen Wissenschaften, Werke 제8권, § 1). 이에 대해서는 *Korsch/Dierken*(편), Subjektivität im Kontext에 나오는 논문들 참조.
8 명제식으로 표현하자면: 주체성의 부정이 20세기의 재앙을 비로소 가능하게 했다.
9 *Henrich*, Selbstverhältnis, 3면 비교.
10 자의식의 의미에 대한 비판 유형에 대해서는 *K. Düsing*, Selbstbewusstseinsmodelle, 9-120면. 여기에서도 주체성의 부정을 동반하여 나타나는 허무주의를 통해 "20세기는 결정적으로 물질뿐 아니라, 정신을 파괴하는 세기가 되었다"(11면)는 지적 참조.

대한 인식이다.[11] 이와 결부된 각 개개인의 가치에 대한 신뢰는 정신의 현실을 위해 모든 개개인의 흔적이 이 한 세계 속에서 얼마나 무한한 다양성을 만드는지를 경험할 수 있게 한다.[12] 이 인식을 확고히 하지 않고는 결국 인간존엄에 관한 말들도 공허한 것이다.

이 관계에 대한 성찰에서 (서론에서 말한 것에 연결되지만) 칸트와 그를 기반으로 한 독일 관념론의 철학적 성과를 토대로 삼는 것은 이 철학이 근본관계에서 인간의 자기존재에 대해 가장 결정적으로 고찰했기 때문이다. 이제 이 근본관계에서 인간의 자기존재가 녹아들어 있는 법원칙과 공동체에 대한 이해를 얻는 것이 과제이다. 이러한 법원칙의 보편성은 기본인식의 보편성에서 유래한다.

---

11 그리고 여기서 말하는 것은 개개인으로서의 '실제' 인간 주체이다; 그러므로 주체로서의 '사회'는 맥락 없이 생각할 수가 없다.
12 멋진 묘사는 *Dilthey*, Typen der Weltanschauung, 78면 이하 참조.

II. 자기존재

1. 본연의 자기존재

자기존재의 가장 첫 경험은 본연의 존재, 내 것인 이 육체 속에서의 존재이다. 육체를 통해 지각을 하게 되고, 육체를 통해 고통과 쾌감을 느끼며, 육체 속에서 그리고 육체의 성장과 쇠약을 통해 자신의 삶을 경험한다. 육체는 모든 행위의 실제 중심이다 — 그리고 육체가 묶여지면 수동성을 가장 강하게 느끼게 된다. 이 모든 진술은, 이미 성찰능력을 전제하며 이것이 이 모든 진술의 근거가 되고 이를 가장 우선적으로 가능하게 한다는 사실에도 불구하고, 자기 힘의 내용이 있으며, 이는 사유 속에서 소멸되지 않는다. 따라서 본연의 자기존재의 사실 속에 있는 지양될 수 없는 소여성은 법에서도 시종 일관되어야 함을 — 본문의 내용과 관련해서 다소 이르기는 하지만 — 이미 여기서 지적해 둘 수 있다: 인간의 본연적 존재는 자연적인 종말(= 죽을 때)까지 지상에서 한 장소와 자신의 장래존재의 보장을 요구한다. 이 요구의 실현방법들은 인간이 지닌 정신 수준으로 인해 변화하기도 하지만, 근본에서는 크게 바뀌지 않는다.

2. 본연의 자기존재에 대한 앎

본연의 자기존재에 대한 묘사는 자기존재의 존재요소를 부각시킨다. 하지만 이 존재에 대한 진술은 그 자체가 성찰능력임을 방금 지적했었다.[13] 나는 이 육체에 관하여 이것이 나의 육체이며 동시에 세상에서 나에게 가장 가까운 부분임을 알고 있다. 이 성찰 속에서 관계성이 분명해지며, 이는 그 특성상 주체와 객체의 통일성에 대해 알기 전에 이 양자의 통일성을 늘 전제해야 한다는 점에서 다른 모든 주체-객체-관계와 구분된다. 그렇게 대상은 포착되는 동시에 넘어서지게 되는 것이다; 어떻게 이것이 가능한지 아직 여기서는 설명할 수 없다. 앎은 — 그리고 오로지 앎을 통해서 한 인간의 많은 감각적 인상과 경험이 (자기 삶의) 통일성으로 이해될 수 있다. 육체와 영혼의 관계에 대한 물음은 오로지 성찰적인 앎에 대해서만 제기할 수 있지만, 이 앎은 양자의 통일성(= 단일성)을 전제한다. 이로써 대답을 위한 길도 제시되었다;[14] 하지만 양자 간에 상호작용을 한다는 가정이 타당하다고 할 경우에도 이 가정 자체는 통일체(= 단일체)로서의 주체의 사유를 통해서만 가능하다.[15] — 이 앎의 힘과 중요성은 언어현상에 국한되지 않는다. 사유의 능력을 언어적으로 확정하는 것은 비록 사유를 위해서는 중요한 — 헤겔의 표현으로는: 가장 정신적인[16] — 질서와 방향설정의 수단이기는 하지만, 사유의 온전한 본질과 활력을 표현하지는 못한다; 사유는 흐르고, 언어는 고정된다; 법에서와 같이 행위가 주된 관건이라면 사유능력의 언어적 고정화는 최종 근거에서는 더욱 무력하다.

---

13 칸트 철학과 관련하여, 그가 물의 존재를 부인하고 우리의 세계에 대한 앎을 단순한 구성으로 간주했다고 하는 것은 설명될 수 없는 오해 중의 하나이다. 그 반대로 〈순수이성비판〉의 서론(Einleitung) 첫 문장을 비교해 보라: "우리의 모든 인식이 경험과 함께 시작된다는 것에는 의심의 여지가 없다; 우리의 감관을 자극하여 일부는 스스로 표상을 야기시키고, 일부는 우리의 오성활동을 발동케하여 표상을 비교, 연결, 분리하며, 그리하여 감각적 인상의 원재료로 경험이라고 하는 대상의 인식을 만드는 일이 대상에 의해 일어나지 않는다면, 무엇에 의해 우리의 인식능력이 실행으로 될 수 있을 것인가? 그러므로 시간상으로는 우리 안에서 어떠한 인식도 경험에 선행하지 않고, 경험과 함께 모든 인식이 시작된다." *Kant*, KrV, B1 = AA 3, 27면.

14 이에 대해서는 *Fichte*, Sittenlehre, Werke IV, 1-12 비교.

15 이 점은 특히 이 책의 집필 당시 매우 강하게 제기된 인간 존재에 대한 뇌기능의 우세성 이론에 대한 분석에 중요하다. 이 이론에서 나타나는 인간과 인간의 일부분에 대한 예외 없는 비성찰적인 객관주의적 관점은 자기성찰에 대한 어떤 여지도 남기지 않음으로써 결국 자신의 진술조차도 적절히 파악할 수 없게 한다. 이에 대해서는 *Rath*, Aufweis der Realität der Willensfreiheit, 많은 곳 참조; 역시 *Kelker*, Legitimität von Gesinnungsmerkmalen, 364면 이하[모두 많은 참고문헌이 제시되어 있음].

16 *Hegel*, Philosophie des Rechts, § 164["정신적인 것 중의 가장 정신적인 현존재"로서의 언어].

3. 이론적인 앎

세계에 대한 이론적인 앎의 보편적 특성을 위해 이 근원에서 입증되는 결과를 상세히 전개하는 것은 본 연구의 주제가 아니다; 이는 맥락에서 시사하는 정도로만 해 두어야 한다.[17] 세계에 대한 경험적인 앎으로서의 이론적인 앎은 감각적 인상에 토대를 두고 있다(그렇지만 이 감각적 인상은 이론물리학에서는 결국 수학공식으로 풀어지는 듯하다[18]). 이때 대상의 인지(認知)에는 주체와 객체 간의 관계뿐 아니라 양자 간의 거리도 있으며, 왜냐하면 주체는 자신을 불가피하게 인지자로 파악해야 하기 때문이다; 칸트의 표현으로는: "나는 생각한다는 것이 모든 나의 표상을 수반할 수 있어야 한다 (…)."[19] 이로써 바로 주체와 객체의 관계는 알고 있었던 관계가 된다. 인식의 이 상이한 구성조건의 편성물은 인식하는 자 자신의 통일성을 통해 응집되기 때문에 그래서 혼돈으로 느껴지지 않는 것이다. 그러므로 당연히 모든 앎은 주체의 앎으로서 기술되고, 이 앎의 원인은 자의식의 통일성이다. 또한 인간의 앎에 대한 열망은 항상 인간의 자기 통일성과 부합하여 세계 그 자체를 모순 없이 통일체로서 파악하는 것이 특징이다.[20]

4. 실천과 자기존재

자기존재가 방금 앞의 2와 3에서 설명한 형태에서 가장 쉽게 '묘사되는데' 비해, 세계에 대한 실제 행동에서는 가장 직접적으로 '경험하게' 된다.[21] 어린

---

17 또 여기서 필자가 주장하는 관점에서 자세한 것은 *Henrich*, Denken und Selbstsein, 특히 39-48면 참조.
18 물리학의 '언어'로서의 수학에 관하여는 *Heisenberg*, Sprache und Wirklichkeit, 139면 이하(첫 출간은 1960년; 역시 동저자의 Schritte über Grenze, 160면 이하에도 수록되어 있다).
19 *Kant*, KrV, B 131 = AA 3, 108.
20 이러한 사고는 또한 난해한 문제들을 일목요연한 공식으로 축소하려는 자연과학적인 노력의 토대가 된다.

아이도 나무조각으로 탑을 쌓거나 또는 모래로 빵을 만들며 자신을 모든 행위의 창안자라고 생각한다. 사람들은 실천을 통해 그들에게 주어진 세계를 만들고, 이로써 삶의 진행과 함께 실천 속에서 그들의 동일성을 형성한다. 사람들이 이것을 개념적으로 파악하는지 여부와 무관하게, 그들은 스스로를 이 행위의 중요한 핵심으로서 이해하고, 타인이 이 중요성을 은폐하고자 한다면 또 이에 상응하게 반응하는 것이다.[22] 왜냐하면 논밭을 경작하거나, 컴퓨터를 사용하거나, 좋은 음식이나 웰빙휴가를 고대하며 즐거워하거나, 어려움에 처해 있는 사람을 도와주거나 또는 판결을 내리는 것은 결국 항상 개개인이라는 것을 간과할 수 없기 때문이다. 소위 현대 세계에서 개개인은 네트워킹과 체제 속으로 당연히 들어가야 한다는 주장은 분명 잘못된 것이며, 때로는 천박한 관심에서 나오는 허위이고, 극도로 비인간적이다.[23] 개개인의 현실 속에서의 관계가 이러한 억압을 야기한다면, 이 관계는 언젠가는 깨지고 말 것이다. 주체가 타인과의 관계 속에서 살고 있음은 당연히 논박의 여지가 없고, 이 책의 사고과정도 촉진시킬 것이다. 그렇지만 주체 자신은 늘 이 관계 속으로 받아들여지고 유지됨을 알아야 한다.

부각시킨 실천과 자기존재의 의미를 보면 이미 칸트에게서 구상되었고,[24] 그 다음 피히테의 사유 속에서 전속력으로 등장하였으며, 헤겔에게서는 또 정신에 대해 포괄적인 파악으로 변형된 사고를 이해될 수 있게 된다: 주관성은 모든 앎의 거역 불가능한 근거이며, 더구나 주관성이 자기를 원래 실천 속에

---

21 명료하게 표현한 것은 *Fichte*, Grundlage des Naturrechts, Werke III, 20면: "실천적인 자아는 근원적인 자의식의 자아이며; 만약 이성적 존재가 실천적인 존재가 아니라면, 오로지 의욕에서만 직접 스스로를 인지하고, 인지하지 않으며, 그런 까닭에 세계도 인지하지 못하게 될 것이고, 따라서 이지적이지도 않을 것이라고 주장된다." 장 피아제(*Jean Piaget*)는 현상 속에서 인간의 발전을 위해 세계로 나가는 진출의 의미를 증명했다. 예를 들면 Entwicklung des Erkennens, 258면 이하 ― 행동과 행위논리 개념을 기초로 삼고 있는 발전된 법의 근거지움은 *Klaus Hammacher*가 제시했다(Rechtliches Verhalten, 특히 23면 이하).
22 반응은 그럼 개인적인 저항이거나, ― 국민들을 억압하는 경우에는 ― 반란이다.
23 이에 대해서는 또 *Mittelstrass*, Internet oder Schöne neue Leonardo-Welt, 2011. 7. 25일자 FAZ, 7면.
24 *Kant*, KpV, A 215 이하 = AA 5, 119 이하(순수이성에 대한 실천이성의 우위) 참조.

서 경험한다면 세계의 맥락에 대한 이론적 해명은 주관성과 관련해서는 인간 실천의 일부로 이해되어야 하지만, 이 인간의 실천은 특별한 법칙성 하에 있다. 왜냐하면 능동성은 여기서 대상이 인식을 통해 포착되고 앎으로 바뀌는 데 있기 때문이다. 그렇지만 이와 구별되는 실천 속에서 세계는 형성됨으로써 변화한다. 이러한 맥락에서 또 인간은 자신의 기본상태를 대상처럼 자기 앞에 갖다 놓을 수 없기 때문에, 예컨대 인간의 의식과 자유에 관한 진술은 결코 이론적인 앎의 관점에서 얻을 수 있는 것이 아니라는 결론이 나온다. 오히려 이 이론적 인식은 늘 의식을 토대로 하며, 이로써 (아직 더 구체적으로 설명해야 하는 방식인) 자유를 토대로 하고 있다. '정신'의 존재 여부에 대한 질문은 이 질문이 제기되는 그 순간에 대답된 것이다.[25]

이러한 원칙적인 고려는 짧게라도 언급해야 했다. 이 책의 주제인 법을 시야에서 놓치지 않기 위해서 이제 이론적인 세계행동은 접어두고, 특정한 관점 하에서 실천적인 세계행동을 고찰해야 한다.

---

25 이 부분에서도 피히테의 〈학문론〉과 헤겔의 〈정신현상학〉과 쇼펜하우어의 〈의지와 표상으로서의 세계〉의 연결선이 다시 드러난다.

III. 실천적인 세계행동의 방식들

1. 기본분류

통일체로 명명한 실천적인 자기존재의 상이한 방식들의 설명을 위해서 칸트가 제시한 분류와 연결시킬 수 있다.[26] 칸트는 실천의 두 가지 형태를 구분한다.[27] 첫째 형태는 수단-목적-실현에 있어서의 기술적-실천 행동이며, 하지만 이는 그 자체로 또 중요한 차이를 지적하고 있다: 하나는 외적인 목적의 실현에 관한 것이고(협의의 기술적-실천 행동), 다른 하나는 자기 행복이라는 인간으로서의 현존과 **필연적으로** 결부된 목적의 추구에 관한 것이다(자기관련적인 실제 행동). 둘째 형태는 윤리적인 행동이다. 여기서 행동은 목적설정을 따르는 것이 아니라, 행동 자체는 인간의 이성적인 삶은 어떻게 형성되어야 하는가에 대한 인식에서 나온다. 이러한 — 총 세 가지의 — 실천방식을 이제 정확히 고찰해야 한다.

---

26 이에 관해서는 *Hinske*, Grundformen der Praxis, 86면 이하 참조. 왜 여기서 칸트와 연결하고 – 임의로 현재에서 예를 하나 든다면 – 가령 하버마스의 상호행위 이론을 연결시키지 않느냐고 묻는다면, 여기서는 행위가 바로 의사소통활동과 결부되어 있으며 상호행위로부터 규정되는 것이라고 답할 수 있을 것이다(Theorie des kommunikativen Handelns, 제1권, 128면 참조). 그러나 이러한 방법으로는 칸트의 규정에 있는 행위의 우선적인 자기관계가 제대로 규정될 수 없다; 자기관계는 이차적인 소여성으로 격하되었다. 사고과정의 이른 이 곳에서도 벌써 담론이론은 (칸트에게서는 실천의 최고단계인) 올바른 (윤리적) 행위의 규정에 있어서 모든 행위의 자기관계를 고려할 수 없다는 것을 또 주목할 수 있다. 이에 기초한 법철학의 비판에 대해서는 *Köhler*, Menschenrecht, 133면 이하 참조 — 이 모든 것은 이미 하버마스의 초기 저작에서도 드러나고 있다. *Habermas*, Arbeit und Interaktion, 9면 이하.
27 이하에서는 *Kant*, GMS, BA 36 이하 = AA 4, 412 이하 — 칸트는 여기서 상이한 명령에 대해 말하지만, 이는 본문의 고찰을 위해서는 중요하지 않다.

2. 협의의 기술적-실천 행동

첫째의, 직접 세계와 연결된 방식은 기술적-실천 행동이다. 이는 목적-수단-구조를 가지고 있다: 목적은 설정되며 이를 실현하기 위한 방법을 찾아내고 투입한다. 그러나 이것은 인간의 경우 본능에서 나오는 것이 아니라, 이미 정신능력에 기반을 둔 것이다. 이 능력은 목적과 수단의 연결이 먼저 정신적으로 이루어지고 난 후 수단과 목적의 외적인 행위 속에서 실현되는데 있다. 외적인 변화는 이때 개개인 스스로에 의해 야기된 것으로 이해해야 한다. 칸트는 이미 여기서 아주 적절하게 실천이성에 대해 언급하고 있음을 간과해서는 안 된다.[28] 실천이성은 세상에 대한 이론적인 앎과 여전히 밀접한 관련이 있지만, 그 앎의 법칙성을 이용한다. 많은 일상행위의 실행이 이 특성을 보여주고 있다; 인류의 모든 기술문화는 이러한 능력의 표현인 것이다; 가능한 목적의 수는 거의 무한하다. 여기서 자기를 세계와 대립되게 함으로써 이 영역에서 의지(즉 실천적인 통찰)와 행위는 도덕적으로는 여전히 중립적이다. 환자를 치료하는 의사와 마찬가지로 피해자를 살해하는 독살자도 합목적적으로 행위하는 것이라고 칸트 자신도 지적했다.[29] 그럼에도 불구하고 나중을 위해 이미 여기서 — 도덕적 질이 아니라 외적인 행위에 관한 것인 한 — 이미 타인과 공유하는 세계에서의 기술적-실천적인 진출 속에 법문제의 싹이 있다는 사실을 지적해 두어야 한다.

---

[28] *Kant*, GMS, BA 36 = AA 4, 412와 KpV, A 36 = AA 5, 1 이하 — 그 밖에도 각주 27에서 인용한 칸트에 있어서의 사고의 진행을 헤겔의 법철학에서 의지의 변증법(Philosophie des Rechts, §§ 5-28)과 비교하는 것은 사유에 매우 매혹적이다.

[29] *Kant*, GMS, BA 41 = AA 4, 415 – 전체적으로는 또 *Schwaiger*, Kategorische und andere Imperative, 특히 15-28면 참조.

3. 자기관련적 (실제) 행동

실천적인 세계행동의 둘째 방식은 여전히 목적-수단-구조에 토대를 두고 있지만, 목적의 특수성으로 인해 첫째 방식과는 구별된다. 왜냐하면 여기서 이 목적은 오직 하나뿐이기 때문이다: 즉 주체의 자기 행복이나 (좀 더 현대적으로 말하면) 자신의 복지이다.[30] 이 점에서 실천은 특별한 방식으로 그 근원에서 살아 있는 개개인과 연결된다. 각 개개인이 이 목적을 위해 선택하는 수단은 개인적인 선호에 달려 있기 때문에 확정될 수가 없다. 이 목적을 실현하는 행위들은 여전히 목적-수단-구조 하에 있지만, 목적이 확정되었다는 특수성이 있다: 모든 인간은 잘 살기를 원하며 — 그리고 어떤 것이 자신에게 좋은 삶인지를 스스로 결정할 수 있다. 즉 이 목적이 일반적인 것만큼, 이 목적을 달성하기 위한 수단은 지극히 개인적이다. 이에 대한 증거가 필요한 자는 자기 또는 주변 사람들의 삶을 보거나, 문학작품과 모든 시대의 조형예술을 통해서도 알 수 있다.

지극히 개인적인 자기 행복의 확정은 전적으로 생의 화복(禍福)에 예속된 수완과 결부되어 있으며, 자기 행복을 성취하는 것은 이 영역에서는 올바른 인간 행동을 위한 일반법칙이 추론될 수 없음을 말한다.[31] 공리주의에 대한 칸트의 비판은 설득력 있다.[32] 하지만 또 여기서 미리 확인할 수 있는 것은 행복에 대한 추구는 결코 더 높은 성찰의 단계에서 사라질 수 있는 것이 아니라, 오히려 삶의 요소로서 동반되어야 한다는 것이다. 이로써 법에서도 중요한 관점

---

30 *Kant*, GMS, AB 42 이하 = AA 4, 415 이하.
31 그러나 *Hegel*, Philosophie des Rechts, § 20도 참조: 그렇지만 어쨌든 이는 소재에 '형식적인 보편성'을 가져다주었다. 이것은 그 자체로 보면 무엇 때문에 '행복추구'를 공동생활의 기초로 이해하는 삶의 형태들이 실제로도 살아질 수 있는지를 설명한다. 미국이 이를 보여준다. 하지만 이것으로부터 이 지구상의 공동생활에 대한 일반규칙을 얻을 수 있다는 것은 논박해야 하며 — 여기서도 이에 대해 논하고 있는 것이다.
32 *Kant*, KpV, A 38 이하 = AA 5, 21 이하 비교.

이 재차 말해졌다: 법이 인간의 이 측면을 소홀히 하거나 잊는다면, 법은 인간을 완전히 소홀히 하는 것이며, 저항을 경험하게 될 것이다. 하지만 이미 이 부분에서 개개인에게 이러한 행복을 외부에서 생기게 하는 것은 불가능하기 때문에 법의 과제가 될 수 없고 따라서 보편적인 과제가 될 수 없다는 통찰을 법은 또 얻을 수 있다.

4. 도덕적 행동

실천적 세계행동의 마지막이자 인간의 정신적 존재에 대한 관점에서 본 최고 방식은 도덕적 또는 윤리적 행위이며, 이때 도덕성이나 윤리성은 특히 법과의 차이에서가 아니라 더 넓게 이해해야 한다. 윤리적 행위는 이 행위에서 개개인이 개체인 자신으로부터 눈을 돌릴 수 있고, 일반적인 삶을 선의 실현에서 추구하는 것으로 특징된다.[33] '자신으로부터 눈을 돌린다'는 것은 개개인이 자신의 존재를, 즉 이 말은 정신적 관점에서 자기존재도 포기함을 뜻하는 것은 물론 아니다. 이는 개개인이 도덕적 행동에서 고양하며, 주로 가장 먼저 행하는 자기존재의 의식적인 삶이다. 그러므로 여기서 실천적인 세계행동의 최고 단계는 도달한 것이며, 왜냐하면 이 점에서 시작되는 행위의 질은 (예컨대 타인을 돕는 것은) 인간의 정신적 본성과 관련되기 때문이다. 윤리적 행위에서 비로소 인간은 온전한 자기이며, 더 이상 외적인 목적에 끌리거나, 더 이상 자신의 욕망이나 성향에 국한되지 않고 온전히 살아 있는 선에 맞추게 된다.[34] 이러한 자기결정의 능력에서 자유가 입증되는 것이다. 이 부분에서 바로 칸트의 실천철학으로 넘어가는 것은 쉽게 수긍이 간다. 왜냐하면 칸트에

---

33 이미 *Aristoteles*, Nikomachische Ethik, Buch II와 III.
34 인간에 대한 시선을 가진 이는 이러한 행동의 실행에서 인간의 존엄을 볼 수 있다.

의하면 도덕적 행동은 자율적이고 자기결정적인 행동이기 때문이다. 정언명령("네 행위의 준칙이 동시에 일반법칙이 될 수 있도록 행위하라"[35])은 자유의 인식근거이다.[36] 그렇지만 칸트의 사고과정과 함께 추론된 내용을 적절히 평가하기 위해서는, 먼저 여기서 칸트의 구상 및 개념성과 분리된 방식으로 자기존재와 자율성의 개념을 관련시키는 시도를 해 보아야 한다. 그 밖에도 또 여기서 논제가 되고 있는 결정들은 항상 개개인의 의식적인 삶의 통일성에 의해 응집된다는 간과할 수 없는 통찰을 견지해야 한다. 이 또한 자율성 개념 속에 들어 있다. 이 개념은 지금까지 행해진 규정의 배경 위에서 상세히 고찰되어야 한다.

---

35 *Kant*, GMS, BA 52 = AA 4, 421.
36 *Kant*, KpV, A 5, Anm. * = AA 5, 4, Anm. *.

IV. '법칙'과 '자기'

1. 자율성의 요소인 '자기'와 '법칙'

자율성에 대한 우선적이며 가장 가까운 이해는 개념의 두 기본요소, 즉 자기 및 법칙과 관련된 번역인 자기입법, 자기법칙성에 있다. 개념의 이 번역과 유럽계몽에서 나온 독립적인 주체에 대한 이미지는 매우 쉽게 결부된다.

그러나 여기서 지금까지 전개시킨 것에 따르면 '자율성' 개념에는 더 광범위한 힘이 들어 있음이 드러날 수 있다. 자율성의 특징은 개념의 두 기본요소를 각기 개별적으로 고찰하고 난 후 다시 결합한다면 더 구체적으로 증명될 것이다. 그러면 그 결합 속에 들어 있는 긴장을 파악함과 동시에 이로부터 어떠한 삶의 형태가 도출될 수 있는지에 대한 이해도 가능하게 될 것이다.

2. '법칙'

a)
그리스어의 '노모스(nomos)'라는 단어는 쉽게 번역하면 법칙(Gesetz)을 뜻한다.

법칙은 보편적이고 객관적인 규칙이다. 이러한 규칙의 가장 우선적이고 근본적인 구별은 자연의 법칙과 인간의 행위에 대한 법칙을 구분하는 데서 비롯된다. 이렇게 구별하는 이유는 각각의 대상이나 법칙의 내용에 있다.

자연법칙으로서의 법칙은 객관적인 존재와 관련된다. 그러므로 객관적인 것은 여기서 규칙만이 아니고, 객체는 규칙을 또 내용으로 갖고 있다. 칸트는 "자연의 모든 사물은 법칙에 따라 작용한다"고 한다;[37] 이를 또 사물은 법칙 하에 있다고 말할 수도 있을 것이다. 실제로 필요한 것처럼 일반규칙을 만드는 인식행위를 인간의식의 활동으로서 이해한다 하더라도, 인식의 대상이 인식의 객체로서 정해져 있으며 이 점에서 불변이라는 것은 바뀌지 않는다. 객체는 행위하지 않고 파악되는 것이다.

그러나 오로지 이성적인 존재만이 "법칙의 **표상에 따라**, 즉 원칙이나 의지에 따라 행위할 능력을 갖고 있다."[38]고 이렇게 칸트는 이어서 말하고 있다. 여기서 일반규칙은 다른 형태를 얻는다. 왜냐하면 한편으로 의식은 명확히 규칙 자체를 위해 생산적인 것으로 이해되기 때문이다. 다른 한편으로 규칙은 단순히 규칙 하에 있는 객체를 대상으로 하지 않고, 오히려 규칙이 의식과 관련됨을 규칙의 형태와 내용 속으로 수용해야 한다.

b)

이미 앞에서 관련시킨 행위유형에 상응하게 규칙과 의지, 의식과 법칙의 이 특별한 관계는 완전히 상이한 성질이다. 기술적-실천 행동은 세계 속에 있으며, 이 곳에서 자연법칙은 모든 인간의 발명능력에 있어서 행위와 이 행위에 내재하는 한계에 더 중요한 영향을 끼친다. 자기관련적-실제 행동에서는 타인과 구분되는 고유한 자기를 훨씬 강하게 주장하고, 그래서 일반규칙은 이로운 것에 대한 개인적-보편 처세술이 되며, 그 효력은 선호도와 경험에 따라 빨리 변할 수도 있다.

그러나 윤리적 행위에서는 행위관련적인 법칙 개념의 복합성이 완전히 전면에 등장한다. 처음에 보면 여기서 다시 '일반법칙'의 견고성이 개개인의 의

---

37 *Kant*, GMS, BA 36 = AA 4, 412.
38 *Kant*, GMS, BA 36 = AA 4, 412.

지를 지배하고, 이 견고성 속에서 당위(또는: 선)가 개개인의 의지와 무관한 것으로서 결정되며, 그래서 의지를 자연법칙이 객체를 지배하듯 그렇게 지배한다고 충분히 생각할 수도 있을 것이다. 칸트의 경우 이 편견은 그가 바로 정언명령의 두 번째 표현에서 그 효력을 자연법칙에서 유추함으로써 지지되고 있다고 볼 수도 있다("네 행위의 준칙이 네 의지를 통해 보편적 자연법칙인 것처럼 그렇게 행위하라"[39]). 그렇지만 이때 의지는 여전히 법칙의 본질적 요소라는 것을 간과하게 될 것이다; 중요한 것은 도덕적-실천법칙이지, 자연의 객관성이 아니다.

그러므로 도덕적 행위와 관련해서 다른 법칙개념의 더 정확한 고찰을 언급했다. 칸트에게서 이러한 도덕적 행위는 법칙형식이며, 이 형식에서 규칙의 보편타당성이 나오고, 그다음 당위가 나온다. 그러나 형식은 반드시 내용이 있어야 하고, 그렇지 않으면 실제 행위를 이끌 수가 없다. 칸트에게 있어 내용은 행위자의 준칙을 통해 맥락 속에 놓이게 된다. 준칙은 행위자의 주관적인 원칙이며,[40] 이 원칙을 통해 개개인의 삶의 현실은 도덕적 성찰의 기점이 됨과 동시에 구현되는 것이라고 말할 수 있을 것이다. 그렇지만 바로 도덕적 성찰에서 내용과 형식의 관계는 더 상세한 설명을 필요로 한다.

c)

이에 도움이 되는 것은 고대 그리스에서 법칙(nomos)개념의 전개를 상기하는 것이다. 〈법칙과 자연〉[41]이라는 연구에서 펠릭스 하이니만(Felix Heinimann)은 '법칙'이라는 개념은 그 기원에서부터 '자연(physis)'개념에 대한 반대개념으로 이해되었다는 것을 보여주었다: 자연이 존재의 진리를 나타내는데 비해, '법칙'은 일반적으로 '윤리'와 '관습'으로 파악되었으며, ― 또

---

39 *Kant*, GMS, BA 52 = AA 4, 421.
40 *Kant*, GMS, BA 51, Anm. * = AA 4, 420 이하, Anm. *.
41 *Heinimann*, Nomos und Physis, 특히 39면 이하.

이미 그 당시 다른 민족들과 함께 얻은 경험으로 인해 — 변화하는 우연적 여론과 동일시되었다. 이 때문에 '자연'이 진리를 나타내는데 반해서 '법칙'은 우연, 가상을 의미했던 것이다.[42] '법칙들(nomoi)'의 상대성은 법칙개념의 핵심으로 이해되었다. 하지만 공동체의 의미와 형태 자체가 논의되었을 때는, 특히 플라톤(Platon)과 아리스토텔레스(Aristoteles)의 작품들에서는,[43] '노모스'에 대하여 우리에게 여전히 친숙한 이해인 법칙, 인간의 삶과 공동체 관계의 당위적인 질서가 되었다.[44]

그럼에도 불구하고 이 '법칙' 개념의 기원에 대한 상기는 도덕적-실천 행동과 관련하여 법칙개념의 협소화를 방지하는데 기여할 수 있다. 이는 두 가지 형태로 협소화 될 위험이 있다:

aa) 첫째는 법칙개념을 자연법칙의 객관성과 결부시키는데 있다; 이렇게 하면 자연의 규칙성과 인간 스스로 만든 인간관계 질서의 규칙 간의 결정적인 차이가 없어지는 위험이 있다.[45] 이 밖에도 '규칙'과 '자연'의 역사로 되돌아가는 후속착오의 위험도 존재한다: 이는 '규칙'이 '자연'으로 축소되며, 자연 속에서만 진리로 보인다는 것이다. 그렇게 되면 행위의 법칙은 '만들어진 것'의 의미에서 어떤 단순한 '법칙'으로 이해됨으로써 우연으로 여겨지게 된다. 이는 실천을 위한 보편적 의미로서의 법칙개념의 손실을 초래하게 될 것이다. 법칙개념이 실제로 아무런

---

42 기원전 5세기에 이미 그 후 파스칼(Pascal)과 더불어 모든 상대주의자들이 주장했던 것에 대한 이해가 있었다는 것이다: "피레네 산맥 이쪽에서의 진실이, 저쪽에서는 진실이 아니다(Verite en deca des Pyrenees, erreur au dela)". 하지만 이에 대해서는 또 Carl Schmitt, Nomos der Erde, 63면 이하.

43 Platon, Politeia; 동저자, Nomoi; Aristoteles, Politik 비교.

44 동사 'nemein(나누다)'에 있는 "배분과 방목(Teilen und Weiden)"은 뒤의 본문에서 포괄적인 의미를 입증할 것이다. — 하지만 이미 여기서 추가적으로 이에 대한 참고사항을 언급해야 한다: 'nemein'은 독일어의 'nehmen(가져가다, 자기 것으로 하다)'과 같은 계통이며, — 그리고 '이성(Vernunft)'이라는 단어는 'vernehmen(귀담아 듣다)'의 명사형이다(유사한 조어로는 'herkommen(유래하다)'으로부터 'Herkunft(유래)' 같은 것이다). 이성은 무엇을 들을 수 있는가? 그리고 누가 이성에게 말하는가? — 이렇게 물을 수도 있을 것이다.

45 이에 대해서는 또 Carl Schmitt, Nomos der Erde, 36면 이하 참조 — 이 오류는 존재와 당위의 대립을 높이 평가하는 것으로 방지되지 않는다. 왜냐하면 당위명제도 준대상으로 다루어질 때에는 의식과의 고유한 결합에서 변형되기 때문이다.

의미가 없다면 주관적이고-우연적인 사건으로 밖에 입증될 수 없기 때문에, 이것은 실천에 대해 보편타당한 진술이 불가능함을 말하는 것이 된다.

bb) 도덕적-실천 행동에 대한 법칙개념의 협소화에 대한 둘째 위험은 개념을 형식으로서의 단순한 객관성으로 축소시키는데 있다. 하지만 개개인의 의식적인 삶은 언제나 현존하는 질서 속에서 펼쳐지며, 이 질서는 개개인에게 살아서 전수되는 질서이기 때문에 단지 우연이나 단순한 형식으로서만 파악될 수 없다. 이 질서 자체가 개개인에 의해 연명될 수 있음은 이 질서가 개개인의 의식과 한 관계 속으로 놓여짐을 보여준다.

그러므로 도덕적-실천 행동에 대한 일반규칙에 관해 말할 때는 도덕성이 파괴되지 않으면서 이 규칙이 실질적으로도 규정될 수 있어야 한다. '윤리'와 '관습', 일반적으로 실천된 선은 도덕적-실천 행위를 위한 법칙 개념 속에 들어 있다.

3. '자기'

자기의 개념을 자기 행위의 일반규칙과의 관계에서 상세히 규정할 수 있기 위해서는 이 관계의 상이한 방식을 상이한 행위형태에서 고찰해야 한다.

a)

기술적-실천 행동에서 자기는 자연의 확정을 통해 경계가 정해졌으며, 자연은 여기서 ― 또 자연의 고유한 법칙을 통해 매개되어 ― '대상'으로서 작용한다. 이 영역에서 ― 이동을 용이하게 하는 자전거부터 우주에 로켓을 발사하는 것까지 ― 인간의 발견과 발명의 모든 다채로움이 전개되며 그리고 여기서 너무 쉽게 스스로를 자연의 지배자라고 느낀다. 그렇지만 사실 이 자아는 모두 자연 속에 있는 것이며, 자연을 자아의 목적에 따라 변경할 뿐이고, 이때 주어진 것(= 소여성)을 고려해야만 하는데, 이 소여성은 결코 원래 자신의 고유한 ('지성적인') 것이 아니다; 이것은 벽에다 못을 박는 것과 같은 아주 진부한 일에서도 벌써 드러난다. 자기가 — 이 영역에서 — 자신이 자연 속에 존재하는 것을 넘어서까지 해방되려고 한다면, 이 오만은 언젠가는 그 존재를 반격하게 된다. 지구에서 자원고갈의 경험과 결과가 그 예이다.

b)

행동의 규칙과 자기의 관계는, 약간 오해의 소지가 있는 자기 '행복'의 개념으로 표현되는 영역에서 아주 특별한 방식으로 형성되었다. 왜냐하면 여기서 논하는 '행복'은, 중립적으로 말해서 개개인의 행동방식의 자기관련성에 다름 아니며, 이 행동방식은 이때 이것이 자기 삶의 기쁨을 고조시키는지 여부에 대해서만 개개인에 의해 평가되기 때문이다. 칸트는 이러한 행위의 목적은 모든 인간에게 고유한 것이고, 따라서 우연이나 임의로 선택한 목적이 아니라는 걸 아주 적절히 지적했다.[46] 여기서 중요한 것은 외적-물질적 관점에서의 행복, 예컨대 재화의 축적과 같은 것이 결코 아니며, 비록 많은 이들이 재화의 축적에서 삶의 기쁨이 고조된다고 보고 이 단계에서 이에 대한 권리를 전혀 부인할 수 없고 해서도 안 된다 하더라도 말이다. 하지만 여기서 논하는 행복은 외부에서 보면 자기비하인 것처럼 보이지만, 물질적 재화를 포기하고 살거나 또는 타인을 위해 자신을 희생하는 자도 마찬가지로 경험할 수 있다. 여기서 자기는 완전히 자기 행위의 중심에, 그것도 가장 개인적인 방식으로 있다. 이때 자기는 물론 반드시 한계를 경험하게 된다: 자기 행위의 목적이 확고할 때에도 그 목적의 달성 여부는 예상할 수 없는 것이다. 이는 한편에서는

---

46 Kant, GMS, BA 42 = AA 4, 415.

개개 삶의 변화 자체와 관련된다: 이전에는 행복이라고 했던 것이 나중에는 진저리나고 역겨운 것이 될 수 있다. 그리고 다른 한편으로 행위의 결과는 여기서처럼 목적이 확고한 경우에도 완전히 전망할 수가 없다.[47] 따라서 전체적으로 이 단계에서 자기행위의 원칙에 대한 자기의 관계는 자기행위의 이 원칙을 언제든지 수용할 뿐 아니라, 또 포기할 수도 있는 의식으로 특징된다; 원칙의 효력은 오로지 자기의 개인적 의지에 달려 있는 것이다.

c)

이 두 단계와 종래의 언어사용으로는 윤리성 단계라고 부를 수 있는 셋째 단계는 근본적으로 구별된다. 윤리성 단계에서 자기는 자신의 정신적인 존재를 직접 경험하게 된다; 자기는 이때 정신적 존재로서 거론되고 더 이상 자기의 재량 하에만 있지 않은 요구를 받는 것이다. 첫 접근에서, 인생사적으로 보아서도 자기는 내용적인 사전배열에서 이 영역과 이 영역 하에 있음을 경험할 수 있다. 헤겔은 〈법철학강요〉 서문(Vorrede)에서 여기서 말하는 것을 첫 단계로 이렇게 묘사하고 있다: "더욱이 법, 인륜, 국가에 관한 진리는 공공의 법률이나 공공의 도덕과 종교에서 공표되고 알려진 것만큼 매우 오래된 것이다."[48] 그렇지만 앎은 이 영역을 지니고 이를 자기 삶으로 옮겨 유지할 뿐 아니라, 다음 세대에게도 전수해야(전통) 비로소 성인의 의식에 부합한다. 이로써 각기 자신의 의식적인 삶의 자기의미가 나타나며, 헤겔도 이 사고를 바로 이어서 덧붙이고 있다: "사유하는 정신이 진리를 극히 손쉬운 방법으로 소유하는 것에 만족하지 않고, 이를 또 개념적으로 **파악하며**, 이미 그 자체가 이성적인 내용으로부터 이성적인 형식도 획득하는 한, 이성적인 내용이 자유로운 사유에 대해 정당화되는 것으로 여겨지고, 사유가 국가나 사람들의 합의와 같

---

47 *Kant*, GMS, BA 46 이하; 동저자, KpV, A 45이하 = AA 4, 417 이하; 5, 25 이하.
48 *Hegel*, Philosophie des Rechts, 13면 이하.

은 외적인 실정 권위를 통하여 뒷받침되었건, 또는 내적 감정과 심정의 권위 및 정신이 직접 동의를 표할 수 있는 증거에 의하여 뒷받침되었건 간에 주어진 것에 머물지 않고, 오히려 자기로부터 출발하여 자기의 가장 깊은 내면에서 스스로 진리와 일치함을 터득하고자 한다면, 이 진리는 무엇을 더 필요로 하겠는가?"[49]

당위와 정신문화의 이 영역과 자기의 관계는 상호관계이다. 이 관계는 자기에 의해 형성되고, 자기는 자신의 살아 있는 통일체에서 내용적으로 이미 규정된 일반성의 부분일 뿐이지만, 일반성 자체는 개개인 없이는 현실성이 없을 것이다. 한 사람은 오로지 타인으로 말미암아 존재한다. 이때 윤리성에서 나온 개개인의 의무는 어쨌든 원칙적으로는 타인이 아니라, 스스로 관여자로서 속한 정신의 영역에서 나오는 요구로 개개인에 의해 수용된다는 것이다.

여기서 자기는 그 본연의 존재에서뿐 아니라, 행위실행에서도 간과할 수 없는 통일체라는 것을 재차 강조해야 한다; 이 통일체의 자기 이미지는 여전히 기술적-실천 행위에 의해서 그리고 자기관련적-실제 행위에 의해서도 만들어진다. 그럼에도 불구하고 윤리성의 셋째 단계는 개개인에게 자신의 보편의 미를 보여주는 자기 특성에 대한 인식을 열어 주고 있다.

4. '자기'와 '법칙'의 연결: 자율성

기술한 자기와 윤리적 질서 간의 상호관련성과 함께 이제 추가적으로 규정된 의미에서 자율성에 대해 말할 수 있는 지점에 도달했다. 왜냐하면 사유적으로 지금까지의 여정을 통해 '자기'와 '법칙'의 연결은 두 부분의 상이한 배치를 허용한다는 것이 분명해졌을 것이기 때문이다: 말하자면 자기와 법칙은

---

49 *Hegel*, Philosophie des Rechts, 13면 이하.

서로에 대해 유동적으로 되었다. 자율성은 자기존재에 대한 서구의 한 이해와 부합하듯 '자기'에 중점을 두고 자기주장에 의한 독립성의 결과로 파악될 수도 있을 것이다. 그러나 법에 대한 물음과 함께 이 연구의 핵심 질문을 위해서는 '자기'와 '법칙'에 관한 다른 표현을 이해하는 것이 가장 중요하다. 제시한 서로 전이 가능한 자율성의 두 요소의 관계를 통해 바로 첫 단계에서, 자기존재는 타인과 공존하는 한 질서에 순응하며 자신의 독립성을 이 질서에 저항하지 않는데서 자기존재의 실현을 찾는 것이 또 가능하다. 이러한 자기존재의 다른 형태들이 근본적으로 정신에 기초한 생활형식의 인간능력으로 이해되지 않는다면, 인간존엄이나 인권 같은 개념에 대해 정당하고 수긍이 가며 오만하지 않게 말하는 것은 불가능하다. 왜냐하면 자율성의 개념은 본질적으로 의식적인 삶 자체의 활력과 결부되어 있기 때문이다. 삶의 형태 중 어떤 것을 **외부**에서 잘못된 것이라고 하거나 혹은 미개하거나 계몽이 안 된 것이라고 하는 것은 주제 넘는 오만이며, 삶의 의의를 박탈하고 이를 권위적으로 새로이 만들려는 것이다. 그러면 너무 성급히 자율성에 대한 일방적인 이해가 외관상 약자에게는 법으로 변질됨으로써 타율성으로 변하는 것이다.

이렇게 확장되어 이해된 자율성의 형상에 대한 세 가지 예를 다음 장에서는 보여주어야 할 것이다.[50]

---

50 이렇게 위대하고, 매우 자주적이며, 오랜 역사를 가진 정신영역에서 다음 장의 첫 두 예(불교와 유교)에서 필자는 결국 이방인으로서 어떤 위험을 무릅쓰는지 알고 있다. 이들 각각은, 특히 개개 언어는 글자 및 부가적인 의미차원을 고려해야 하기 때문에 독자적으로 평생의 연구를 필요로 하는 것임을 지적하는 것은 매우 타당할 것이다. 그럼에도 불구하고 이에 대한 진술을 감행하려 할 때, 이것은 오로지 법과 관련하여 정신의 일반구조를 찾아내며, 이러한 방식으로 문화들 간의 이해를 돕고, 이로써 그들 간의 법관계의 필요성을 더 확고하게 근거짓기 위한 시도이기 때문에 이런 이유에서라도 감히 주제 넘는 것으로 보아서는 안 될 것이다.

V. 자율성의 형태들

1. 불교

첫눈에는 자율성과 불교 개념을 함께 언급하는 것보다 더 급격한 모순은 없다고도 할 수 있다. 왜냐하면 첫 인상에 불교는 자기를 부정하고 더욱이 자기조차도 버리라고 하기 때문이다. 하지만 이 모순은 자율성을 경직된 독립성과 동일시하고, 살아 있는 자기존재와 연결시키지 않을 때에만 존재한다는 것을 더 정확한 고찰은 보여줄 수 있다. 이 연결을 그러나 여기서 개진하는 것처럼 항상 함께 생각한다면 붓다 석가모니와 그 제자들의 교리에서 아주 많은 접점이 드러난다.[51] 왜냐하면 이 세계관에 대한 접근은 자기존재는 개개인의 통일체이지만, 그러나 이 안에서 끊임없는 활력적 과정으로 생각해야 하는 것임을 분명히 할 때에 비로소 가능하기 때문이다(정신은 멈추어 있지 않다).

고대 인도철학은 이 활력의 지점을 유별나게 개개 자아(atman, 我)에서 보았다.[52] 자아의 시작을 최초의 인식행위가 만들고, 인식행위는 "무한한 것은 (…) 유한성 너머가 아니라, 유한성 안에 있음"[53]을 깨닫게 한다. 이와 반대되는 것은 말하자면 고타마 붓다(석가모니, Gautama Buddha, BC 약 563-483경)

---

51 불교에 대한 설명은 아래의 저작들에 근거를 두고 있다: *Essler/Mamat*, Philosophie des Buddhismus(여기서는 특히 서양철학과의 지나치게 우격다짐적인 비교가 종종 행해진다); *Frauwallner*, Geschichte der indischen Philosophie; *Han*, Philosophie des Zen-Buddhismus; *Radhakrishnan*, Indische Philosophie; *Rosenberg*, Probleme der buddhistischen Philosophie; *Zimmer*, Philosophie und Religion Indiens. 개관이 될 수 있는 것으로는 *Aster*, Geschichte der Philosophie, 1-21면; *von Glasenapp*, Die fünf Weltreligionen, 61면 이하.

52 Yajnanalkya의 가르침에 관한 것이며, 이에 대해서는 *Radhakrishnan*, Indische Philosophie, 122면 참조; *Essler/Mamat*, Philosophie des Buddhismus, 7면 이하 참조.

53 *Radhakrishnan*, Indische Philosophie, 144면.

의 교리이다.[54] 붓다 석가모니는 아트만 교리에서, 특히 자기의 변치 않는 본질에 대한 가정과 유한성 속에서의 속박을 비판했다. 석가모니 자신의 무아(無我, Anatman)론은 반대로 자기를 해체하라고 한다. 이 쉬운 표현을 그대로 두고 본다면, (계몽된 서구 시민인) 자기를 자신의 개인성의 부정으로 간주하기 때문에 있을 수 없는 것이라고 할 것이다. 하지만 이렇게 하면 또 실제 문제제기에 대한 접근을 제대로 하지 못하는 것이 될 것이다. 왜냐하면 중요한 것은 무엇 때문에 이 자기해체를 해야 하고, 어떻게 이 해체를 할 수 있으며, 이 해체는 이 해체를 하는 이에게 무엇을 의미하는가 하는 것이기 때문이다. 이 물음에 대한 대답은 불교에서는 네 가지 고귀한 진리, 사성제(四聖諦, 네 가지 지혜라고도 함)에 들어 있다.[55]

첫째 진리에 따르면 삶은 유한성에 대한 괴로움이다; 이미 출생과 더불어 죽음이 결정되었다. 괴로움의 근원은(이것은 둘째 진리를 말해준다) 욕망, '갈망', 유한성 자체이며, 유한성은 인간들에게 이렇게 그 제국 안에서 극기하는 것을 찾게 한다. 셋째 진리는 타는 욕망, 즉 '갈망'을 해소하는 방향을 가리킨다: 이 셋째 진리는 니르바나에서 속박으로부터 자유로워지는 것이며, 니르바나는 문자 그대로 번역하면 '열반(= 적멸)'을 말한다.[56] 우선 이 세 가지 진리를 요약해보면, 이러한 진리를 통해 요구된 인간의 정신적 승화에 대해 말할 수 있다. 왜냐하면 인간은 정신적 승화와 더불어 비로소 그의 실제인 바로 정신에 도달하기 때문이다.[57] 이 점에서 또 니르바나가 정신적 상태라는 것을 이

---

54 비교는: 플라톤(Platon) BC 427-347.
55 이에 대해서는 예컨대 *Frauwallner*, Geschichte der indischen Philosophie, 182면 이하; *Essler/Mamat*, Philosophie des Buddhismus, 37면 이하; *von Aster*, Geschichte der Philosophie, 15면 이하 참조.
56 *Essler/Mamat*, Geschichte der Philosophie, 120면 이하; *Radhakrishnan*, Indische Philosophie, 329면도 참조.
57 무엇 때문에 현재 완전히 물질화된 서구에서 불교의 가르침이 그렇게 대호평인지 여기서 또 분명해진다: 전이에서는 자기 문화의 정신적 토대를 잊거나 또는 전혀 모르면서 표면상으로만 완전히 다른 것으로 도피한다. 그래서 불교는 그저 영혼을 위한 아스피린이 된다. 이러한 표피적인 방식으로는 분명 ─ 인류가 살아온 문화로서의 ─ 문화에 대한 이해는 하지 못할 것이다.

미 알 수 있다; 정신적 상태는 '무(無)'와 동일한 것이 아니라, 세계의 현상을 초월해서-있는 것이다.

니르바나는 네 가지 고귀한 진리인 사성제의 셋째 진리이며, 최종 진리가 아니다. 최종 진리의 본질은 정신적 승화가 행해지는 길을 묘사하는데 있다. 그것은 이른바 여덟 가지 길인 팔정도(八正道)이며, 바른 견해(正見), 바른 생각(正思惟), 바른 말(正語), 바른 행동(正業), 바른 생활(正命), 바른 정진(正精進), 바른 의식(正念), 바른 집중(正定)을 말한다.[58] 세계의 부정으로서 세상에 대한 도피라는 의미에서 불교를 이해하는 것은 불교를 적절하게 말하는 것이 아님을 이 네 가지 진리 사성제는 보여준다. 불교에서 길, 인간 삶의 성공적인 정신적 승화는 동시에 목표이며, 결코 이 생의 부정과 무(無)로 뛰어 드는 것이 아니라는 것을 해당 문헌에서는 재차 지적하고 있다.[59]

사성제의 넷째 진리는 붓다의 가르침이 본래 목표로 하고 있는 것, 즉 인생의 진리, 인생의 본래 의미라고 한다. 이는 인간의 실천(= 수행)에서 연마되는 것이다. 붓다 석가모니의 많은 가르침이 이 실천을 지향하고 있다.[60] 그래서 선(禪)불교의 핵심개념 중 하나가 인간에 대한 친절이라는 것은 이상한 것이 아니다.[61] 따라서 왜곡됨이 없이, 불교에서는 내적인 깨달음에서 외적인 빛이 나온다고 말할 수 있으며, 이 빛은 삶의 상황을 그 유한성에서 지양할 수는 없 지만, 불가피한 고통이라는 경험 너머에서 모든 '갈망'으로부터 자유로운 차 원을 자신과 타인에게 해명하고 있다.

---

58 *Frauwallner*, Geschichte der indischen Philosophie, 184면; *Essler/Mamat*, Philosophie des Buddhismus, 182면; *von Aster*, Geschichte der Philosophie, 17면 참조.

59 이에 대한 외적인 예증으로 들 수 있는 것은, 불교의 전통에서는 살인을 매우 중한 범죄로 보았을 뿐 아니라, '죽음의 미를 찬양하는 것'도 살인으로 간주했다는 것이다. *Ratnapala*, Crime and Punishment, 7, 111면 이하 참조.

60 여기서는 아주 일괄적으로 *Nyznatponkia Thera*가 번역한 〈Lehrreden des Buddha aus der Angereihten Sammlung(편집 총서 붓다의 설법)〉을 예로 들 수 있다(5권으로 된 신 전집). 거의 모든 페이지에서 인간존엄의, 즉 정신적으로 형성된 삶을 보여주는 가르침을 볼 수 있다.

61 이는 *Han*, Philosophie des Zen-Buddhismus, 114면 이하. 허리를 굽혀 인사하는 일본식 의례의 깊은 뜻은 또 *Ueda*, Vorüberlegungen zum Problem der All-Einheit, 136면 이하, 139면 이하 비교.

이 모든 것으로부터 마침내 어떤 자기가 불교에서도 견지되어야 하고, 어떤 자기가 극복되어야 하는지에 대한 판단을 할 수 있게 해준다. 세계에 대해 관여하지 않는 중심으로 이해하는 자기, 특히 삶에 대해 그리고 정신에 대해 냉혹한 태도를 취하는 자기는 극복되어야 한다. 끊임없는 자기의 변화에도 불구하고 여정에 있는 자기, 더욱이 환생론[62]에서도 필연적으로 함께 고려해야 하는 자기는 유지된다. 이 길은 타인과 함께 가게 된다: 설법은 타인을 향해 있고, 그들의 여정에서 도움이 되기를 바라는 것이다. 그래서 불교는 정치적 관점에서 평화의 철학이며[63] — 평화는 칸트에 의하면 모든 법과 모든 정치의 종국적인 목표이다.[64]

그러므로 결론적으로 불교에서도, '법칙'과 '자기'의 관계를 정확히 이해한다는 것을 전제하여, 인간의 자율성에 대해 이야기할 수 있다고 말한다면 이를 억지 주장으로 여겨서는 안 된다. 자기는 늘 자신의 방식으로 정신을 실현하게 하며 — '자신'은 물론 외형상-경계가 그어진 의미에서가 아니라, 개개 정신의 희망의 빛 그 자체이다.[65] '자기'와 '법칙'의 관계는 그 긴장 속에 힘의 결과가 있으며, 이 힘이 개개인을 삶의 여정에서 지탱해준다. '법칙'으로 생각하면 불교는 세계의 해명이며, 이는 자신을 포함하고 동시에 자신에게 이 해명에 참여하며, 그 해명의 진실을 받아들일 것을 요구하는 것이다. 이렇게 살아가는 삶은 서구의 시민-자립성과 구별될 수밖에 없다. 그러나 무엇 때문에 또한 자율성의 이 형태가 승인에 대한 자신의 권리를 요구할 수 있으며 그리고 요구해야만 하는지가, 비록 자율성의 형태들이 — 외견상으로는 — 모든 현세적인 확립을 버렸다 하더라도 이미 사전에 법을 위해서는 분명해졌을 것이다.

---

62 이에 대해서는 *von Glasenapp*, Entwicklungsstufen des indischen Denkens, 30면 이하 참조.
63 이에 대해서는 *Becher*, Buddhismus, Staat und Gesellschaft, 제1권, 5면 이하 참조.
64 *Kant*, Zum ewigen Frieden, B 112 = AA 8, 386과 MdS A 235/B 266 = AA 6, 355.
65 이에 대해서는 또 *Rosenberg*, Probleme der buddhistischen Philosophie, 203면 이하 비교.

2. 유교

a)

유교가 강력한 의미를 지닌 중국의 사고에서도 역시 경계를 긋는 자립(적인 존재)성과 자율성 개념을 동일시한다면 자율성 개념은 이상하기만 할 것이다. 하지만 자율성 개념을 의식적인 삶의 원동력과 연결시키고 이 개념이 이렇게 다양한 세계관의 형태들을 수용한다면, 중국의 사고에도 이 자기설정의 특별한 방식이 드러나게 된다.[66] 왜냐하면 이때 자기는 하늘과 땅 그리고 인간이 통일성을 이루는 조화로운 전체로서 배열되어 상호작용하며 일체를 포괄하는 법칙에 의해서 지배되고 있음을 경험하기 때문이다. "대우주에서의 모든 현상은 인간의 육체적, 정신적, 윤리적인 삶 속에서 부합한다."[67] 이때 인간, 즉 자기와 인간의 의식은 — 당연히 — 부분들의 관계를 위한 기본 능력을 충분히 지니고 있다; 그래서 예컨대 '중용'이라는 제목이 붙은 공자의 사서 중제4권은 윤리질서의 존속을 위한 개개인의 능력의 중요성에 초점을 둔다.[68] 그러나 서구계몽의 전개에서와는 달리 정신적 존재의 진리는 확고하게 짜 맞춰진 외부질서의 통일성의 신장에 있는 것이 아니라, 세계관계로의 성공적인 분류에 있다. 이러한 사유의 형태는 공자의 교리에서 더 정확히 보여주어야 할 것이다.

b)

공부자(공자, BC 551/552-478)에게서 중국식 사유의 구현을 보아야 한다.[69]

---

[66] 유교에 대한 설명은 아래의 문헌을 바탕으로 하고 있다: Die Lehren des Konfuzius, *Richard Wilhelm* 번역, *Hans von Ess*의 서문이 들어 있음, 2008(그 중 '논어-대화' 편); *Liang*, Chinese Political Thought; *Liu*, Confucian Philosophy; *Hackmann*, Chinesische Philosophie; *Schleicher/Roetz*, Chinesische Philosophie; *Wilhelm*, Chinesische Philosophie; 개관으로는 *von Glasenapp*, Die fünf Weltreligionen, 117면 이하.

[67] *v. Glasenapp*, Die fünf Weltreligionen, 117면.

[68] 더욱이 이 책의 제1편 5번에서는 서구의 정신적 토대와 놀랄만한 유사점이 있는 소위 황금률을 표현하고 있다: "너 자신에게 했을 때 네가 원치 않는 것은 다른 사람에게도 행하지 말라." 제15편 23번의 대화에서는 더 의미심장하다(여기서는 실천명령으로 표현되었다).

1906년에 공자는 만주왕조의 칙령으로 천지신명(天地神明)과 동렬에 놓이게 되었다. 공자의 가르침은 네 개의 고전 문헌[70]에 집약되어 있고, 상세한 것은 공자가 제자들과 나눈 대화록인 〈논어〉에 정리되어 있다.[71]

공자의 가르침은 근본적으로 올바른 삶에 대한 가르침이며, 이른바 도덕철학과 전반적인 실천철학이기 때문에 공자는 "사변적인 두뇌"를 가졌던 것이 아니라고도 말한다: 공자는 자신의 사유를 세계의 최종 근거들에 맞추지 않았다고 하며,[72] 인식론 또한 그의 관심사가 아니었다. 하지만 실천철학의 개념과 사유적 작용범위를 단초에서는 제대로 규정해야 할 것이다. 한 제자가 (매우 광범위한 의미에서) 형이상학의 의미에 대해 물었을 때, "인간에게도 도움이 될 수 없다면, 어떻게 정신에 도움이 될 수 있을 것인가?"라며 공자는 그 제자에게 되물었다.[73] 여기에 서구의 개념으로 인간이 살아온 현실 속에서 이성의 내재성이라고 이름 붙일 수 있는 사고가 나타난다. 그리고 또 사유를 올바른 삶에 대한 가르침으로 — 그리고 이것은 공자의 가르침이다 — 배열함으로써 과도함을 방지할 수 있다.[74]

공자의 기본전제는 모든 것이 조화롭듯이, 인간은 본래 선하기 때문에 역시 자기 자신과 일치하여 살아야 한다는 것이다. 올바른 삶을 위해 자기의 각기 고유한 능력이 그렇게 중요하지만, 개개인이 이 삶의 내용을 홀로 만들어낼 수 있는 것은 너무나도 적다. 올바른 삶은 오래 전부터 이어져 내려오는 질서와 조화를 이루며, 효성과 순종에서 펼쳐지는 것이다. 효성과 순종은 유교

---

69 *Wilhelm*, Lehren des Konfuzius, Einleitung, 45면: "공자는 대다수의 중국 국민에게 역사화된 이상이며, 이 전형을 이해하지 않고는 어느 누구도 한 민족을 제대로 평가할 수 없다."

70 이에 대해 일반적인 것은 *Wilhelm*, Lehren des Konfuzius, Einleitung, 31면 이하; *van Ess*, Lehren des Konfuzius, Vorwort, 35면 이하; 개관은 *v. Glasenapp*, Die fünf Weltreligionen, 139면 이하.

71 인류의 위대한 사유적 자극은 그 매개방식이 대화라는 것을 경시해서는 안 된다(이름을 들자면 붓다 석가모니, 공자, 플라톤, 예수).

72 *Hackmann*, Chinesische Philosophie, 77면 이하.

73 Lun-Yü(논어), Buch XI, Nr. 11.

74 중국 철학에 대한 *Liu*의 논평(Confucian Philosophy, 16면)도 참조: "우선적인 관심사는 실존적인 것이지, 이론적인 것이 아니다."

철학의 핵심개념인 '인(仁)'의 뿌리이다. 인의 의미는 다층적이다; 인은 보통 '인간성, 인정'으로 번역할 수 있다.[75] 한 제자가 공자에게 인정의 본질에 대해 물었다; 공자는 '인간애'[76]라고 답했다. 공자는 또 이 질문에서 소위 황금률(내가 하고 싶지 않은 일을 남에게 하게 하지 말라)을 언급했지만, 이 규칙만으로 실천이 아직 적극적으로 규정된 것이 아님을 지적했다: 중요한 것은 상호성일 뿐만 아니라, 또 늘 의무형성인 상호성이다.[77] 인간들 간의 올바른 행동은 다섯 관계에 따라 규율된다:[78] 아버지 — 아들(父子); 남편 — 아내(夫婦); 형 — 동생(兄弟); 주인 — 노예(主從); 친구 — 적(朋敵). 세계의 이 사전-질서에 대한 인식은 과거와 과거에 있어서의 위대한 윤리적 형태들에 대한 공부를 통해 얻게 된다.

그러나 윤리적 행동의 의미는 사적인 관계에만 국한되지 않는다. 국가생활에서도 좋은 질서를 위해서는 모든 것이 통치자의 윤리성에 달려 있다. 통치라는 것은 올바른 방향을 제시하는 것을 의미한다고 공자는 말했다.[79] 통치자는 스스로 도덕성을 연마하는 윤리적인 모범이 되어야 한다. "율령으로 사람을 다스리고 형벌로 통치하면 사람들은 처벌을 피하려고만 할 뿐 부끄러워하지 않는다. 본성의 힘으로 이끌고 윤리로서 해결하면 사람들은 부끄러움을 알고 선을 이룰 수 있다."[80]

이 짧은 요약에서도 '자기'와 '법칙'이 여기서 어떤 관계에 있는지를 알 수

---

75 이에 대해서는 *Hackmann*, Chinesische Philosophie, 86면 이하 비교; *Schleichert/Roetz*, Chinesische Philosophie, 34면 이하; '인'의 의미적인 면에 대해서는 또 *Liu*, Confucian Philosophy, 16면 이하; *Liang*, Chinese Political Thought, 38면 이하(인격의 상호성에 대한 훌륭한 설명도 있음).
76 Lun-Yü[논어], Buch XII, Nr. 22. 공자가 사용했던 개념은 또 (타인에 대한 존경, 실천적 사랑으로서의) "이웃에 대한 사랑"이다[Lun-Yü, Buch XV, Nr. 23 참조].
77 *Hackmann*, Chinesische Philosophie, 85면.
78 이 윤리적인 삶의 완성이 공자의 제자 맹자(Mong-Dsi, Menzius)에게서 기인하는지 여부에 대한 물음은 *van Ess*, Lehren des Konfuzius, Einleitung, 37면.
79 Lun-Yü[논어], Buch XII, Nr. 7.
80 Lun-Yü[논어], Buch XII, Nr. 3. — 이 사고가 얼마나 '현실적인' 것인지에 대한 문제 제기는 *Liang*(Chinese Political Thought, 52면) 참조: "공자는 동시대 사람들로부터 '그것이 불가능한 것임을 알면서도 했다'는 비난을 받았다. 이것이 그가 치른 최고의 공물이다."

있다: 자기는 보편적인 질서에 순응하고, 그 질서 속에서 비로소 자신을 완전히 얻게 된다. 하지만 이것은 대화의 여러 곳과 중용에서도 분명해졌듯이, 오로지 자기가 스스로를 윤리적으로 연마할 때에만 가능한 것이다.[81] 국가의 제도 자체는 개인의 힘없이는 죽은 것이며 효력이 없다.[82] 그럼에도 불구하고 여기서 개인의 자립적인 존재성은 근거지우는 원칙과 스스로를 근거지움한 원칙으로서가 아니라, 스스로를 "귀인(貴人)"으로 만드는 개개인의 활동을 통해 좋은 질서가 생생하게 살아 있는 것을 생각한 것이다("순종"이라는 말은 이를 분명히 표현하고 있다). 공자는 '귀인'의 개념을 출생귀족과 연결하지 않고 도덕적인 개념으로 변형시켰다.[83] 그래서 공자의 사고방식은 '자기'와 '법칙'을 관계 속으로 두고 더 광범위한 의미에서 자율성을 이해하는 또 다른 가능성을 보여준다.[84]

3. 서구 계몽의 자율적인 주체

a)

불교와 유교[85]에서 개략적으로나마 묘사한 자기존재의 구상들로부터 자율성의 한 형태가 더 분명히 부각될 수 있을 것이며, 이 형태는 유럽계몽에서 획

---

[81] 이에 대해서는 *van Ess*, Lehren des Konfuzius, Einleitung, 38면.

[82] *Wilhelm*, Lehren des Konfuzius, Einleitung, 35면.

[83] 다른 곳에서와 같이 바로 이 곳에서도 칸트 철학에 대한 놀랄만한 유사점이 드러난다. "아무런 현실성이 없는 관념물"인 "공적에 선행하는" 출생귀족에 대한 칸트의 논평(MdS, A 192/B 222 = AA 6, 329) 참조.

[84] 그러므로 주 50에서 말한 것과 연결시켜 재차 강조하고자 한다: 이 사고를 (가부장적이고, 실제는 농경 생활양식에서 기인하며, 개인에게 공동체에 대한 독자적인 권리를 주지 않고, 여성의 지위를 제한한다는 등) 잡다한 비평으로 괴롭히기 전에, 먼저 왜 이 위대한 문화가 2000년 동안 이 사고에서 그 전형을 찾고 있는가를 곰곰이 생각하고 난 다음 이 물음에 몰두하는 과제를 해야 한다. 이러한 기본적인 이해능력 없이는 문화들 간의 이해와 또 세계의 법관계를 이루어내는 것은 불가능하다.

[85] 특히 이슬람과의 논쟁에서 현재의 수많은 문제들을 다룰 수도 있는데, 무엇 때문에 또 다른 위대한 사유적 힘으로서의 이슬람을 설명하지 않느냐고 물을 수도 있다. 그러나 이슬람은 하나의 종교이다; 이슬람이 절대성에 대한 자신의 관계에 대해 다시 명확히 하고, 세계의 다른 지역에도 신앙이 있으며, 그럼에도 21세기에 살고 있다는 것을 단지 충만한 경외심으로만 확인하지 않을 때에 비로소 '서구'에게 이슬람에 대한 이해는 실제로 가능하다. — 하지만 제2장에서 다루게 될 법문제에서 이는 의미가 없다.

득되었고, 그 형상을 통상 '자율성'이라는 개념과 동일시한다. 자율성 개념의 발전을 대변하는 대표적인 이름은 데카르트(Descartes), 홉스(Hobbes), 로크(Locke), 루소(Rousseau) 그리고 칸트(Kant)이다. 아래에서는 이 자율성 개념의 윤곽을 칸트를 예로 들어 설명하며, 그 다음은 또 개념의 축소 문제를 존 로크(John Locke)를 예로 들어 지적할 것이다.

b)

칸트에 의하면 '자율성'은 원칙적으로 개개인이 "오로지 그 자신의 입법 하에 있지만, 그럼에도 또 일반입법 하에 있는 것"을 의미한다.[86] 이 표현에서도 칸트에게서 '자기'와 '법칙'이 어떤 상호관계에 있는지가 — 첫눈에는 전적으로 1과 2에서 기술한 구상들[87]과 달리 — 드러나고 있다: 개개인은 자신이 따르는 법칙을 스스로에게 제공하는 주체이기 때문에 도덕적 주체이다. 자기 삶의 이러한 윤리적 이행을 가능하게 하는 원칙은 칸트에 의하면 정언명령이며, 칸트는 이를 "실천이성의 근본법칙"[88]이라고도 칭하고, 그 첫 공식은 다음과 같다: "네가 원하는 행위의 준칙이 동시에 일반법칙이 될 수 있도록 행위하라."[89] 이성이 명령을 말하는 이유는 본능적 존재인 인간은 바르게 인식한 것을 결코 '저절로' 따르는 것이 아니고, 오히려 자기결정에서 올바른 것의 실현에 대한 개인적 저항도 극복해야 하기 때문이다. 인간이 가진 이 제약성의 측면은 칸트에게 있어 정언명령에서는 그러나 마치 장애를 야기하는 방식으로 있는 것이 결코 아니다. 이 제약성의 측면은 특히 준칙의 개념에서 긍정적인 의미도 있다. 준칙은 "행위를 위한 주관적 원칙", "이성이 **주체**의 조건에 따라 (종종 무지 또는 경향에 따라서도) 정하는 실천 규칙"이다.[90] 준칙과 더

---

86 *Kant*, GMS, BA 73 = AA 4, 432.
87 하지만 그 자체로 보면 또 서양의 전통 내에서도 변화가 있음을 칸트 자신은 말하고 있다[예를 들어 *Kant*, GMS, BA 73 = AA 4, 432; BA 88 이하 = AA 4, 441 이하; 동저자, KpV, A 63 이하 = AA 5, 36 이하 참조].
88 *Kant*, KpV, A 54 = AA 5, 30.
89 *Kant*, GMS, BA 52 = AA 4, 421.
90 *Kant*, GMS, BA 51, Anm. * = AA 4, 420, Anm. **[강조는 필자(*Rainer Zaczyk*)가 한 것임].

불어 의식적으로 사는 구체적 개개인은 자기결정의 기본자세와 기점이 되었다; 더 일반적으로 말하면, 정언명령을 통한 이성적인 자기결정에 준칙을 통해 재료가 주어지는 것이다. 그러므로 이 명령의 "절대성(정언성)"은 명령이 결코 내용이 없는 것이 아니라, (기술적-실천 규칙이나 처세의 명령에서처럼) 의지가 이 내용을 통해 제약되지 않는데 있다. 정언명령은 항상 이 조건들을 넘어서 있다. 그러나 법칙을 형성하는 힘은 이 법칙형성력에 대상뿐 아니라, 저항도 보여주는 내용을 만나지 못한다면 공허하게 될 것이다. 그래서 칸트가 정언명령을 자유의 인식근거라고 할때,[91] 이는 또 세계에 내재하는 자유를 의미하는 것이며, 여기서 자유에서 나오는 인과가 현실화되고 있다.[92] 그러므로 일반법칙은 주관적 원칙, 즉 준칙과 연결되고, 그 근원의 장소와 또다시 소급하여 관련을 맺게 된다: 어떤 타인이 아니라, 당위의 주체가 행위 해야 하는 것이다. 정언명령에서 법칙의 개념은 여기서는 비록 일반적이고 객관적인 규칙의 하나이지만, 가령 개개인이 다른 모든 개개인을 위한 **입법자**가 되는 것을 의미하는 것은 아니다. 타인들이 동일한 상황에서 그들의 행위를 주체 자신과 같은 동일한 주관적 원칙에 따라 정할 수 있을지에 대해 주체는 단지 자문해 보는 것이다. 이렇게 주체는 일반적이고 윤리적인 질서에 참여하며, 이 질서는 그러나 주체의 성찰과 행위 없이는 존재하지 못하였다.

준칙의 내용과 정언명령을 통한 준칙의 해명과정에서 특히 '자기'와 '법칙'의 관계에 대한 이해를 위해 좀 더 본질적인 것을 입증할 수 있었다. 왜냐하면 준칙의 내용은 반드시 주관적인 조건에 제한시킬 필요가 없기 때문이다 (예를 들면 자기애(自己愛)로 인해 자살을 하며, 모든 방법을 동원하여 자기 재산을 증식시키고, 자신에 대한 모욕은 보복하지 않고는 둘 수 없는 것 등[93]).

---

91 *Kant*, KpV, A 5, Anm. * = AA 5, 4, Anm. *.
92 *Kant*, KpV, Einleitung, A 30 이하 = AA 5, 15 이하도 참조.
93 이는 칸트 자신이 든 예이며, *Kant*, GMS, BA 53 이하 = AA 4, 421 이하와 KpV, A 36 = AA 5, 19 비교.

고려할 여지가 있는 것은 또 그 내용이 타인과 공존하는 문화 속에 깊이 배어든 것에서 나오는 준칙이다(예컨대 항상 연장자의 조언을 따라야 하는 것). 칸트에게서 주체는 이 준칙을 일반적으로 생각할 수 있기는 하지만, 일반적으로 원하지는 않는다. 왜냐하면 이러한 준칙은 자기 행동에 대한 자기입법자라는 주체의 본질적 의미를 부정하는 것이 되기 때문이다; 이러한 명제는 처세술로서만 유효할 수 있을 것이다. 그러나 질서 속으로의 의식적인 자기-순응에서 주체의 자기포기, 즉 자율성의 단념을 보는지는 의문이다. 자율성 개념에 대한 숙고는, 이 개념은 원칙적으로 자기와 내용적으로 규정된 질서 간의 적극적인 관계를 기초로 하며, 이 질서에 자기는 관여하지만, 그러나 원칙적으로 자신의 고립화에서 기인했던 소극적인 자기가 아님을 설명했다. 정언명령의 일반법칙에서 추가적으로 법칙형태에 대한 한 사람과 타인의 연결을 보고, 타인으로부터 개개인은 엄밀한 의미에서는 전혀 분리시킬 수가 없다고 한다면 정언명령의 '일반법칙'을 완전히 잘못 해석하는 것이다.

이 사고를 더 고찰하기에 앞서, 서구 계몽의 자율적인 주체에 대한 이해를 위해 '자립적인 존재로서의 자기존재'의 다른 경향이 부각되어야 한다. 왜냐하면 이것은 계몽을 필요로 하는 선이해에 부합할 뿐 아니라, 이론적으로 토대가 있음은 물론이고 영향력도 있는 주체의 구상을 보여주기 때문이다. 그러나 이 주체의 구상은 법원칙을 파괴하지 않는 더 확장된 개념 영역에서만 지속될 수 있다. 이를 존 로크(John Locke)의 자율적인 주체의 개념에서 설명하고자 한다.

c)

로크에게서 자율적인 주체에 대한 모든 규정의 출발점은 주체가 근원적으로 세 가지 권리(생명, 자유, 재산)를 지니고 태어났다는 사실이다.[94] 타인과

---

94 *Locke*, Zwei Abhandlungen, § 6 참조; 또한 § 123 참조. 이에 대해서는 *König*, Begründung der Menschenrechte, 143면 이하.

공존하는 모든 공동체 이전에 그리고 공동체 질서에 대한 모든 관여 이전에 개개인은 이 권리들을 "소유하고", 이 권리와 더불어 타인에게 행동한다. 타인과의 공동체는 오로지 계약을 통해서만 성립될 수 있다.[95] 이렇게 생성되는 공동체를 통해 개개인은 자립성을 얻는 것이 아니고(개개인은 이를 이미 가지고 있기 때문이나), 단순히 자신의 지위를 확보하는 것이다.[96] 이것은 이렇게 근거지워진 공동체에 특별히 각인되며, 이 각인은 무엇보다 원칙상의 불확실성에서 드러난다: 이러한 계약에 의해 근거지워진 공동체는 또 항상 해체될 수 있고,[97] 왜냐하면 이 공동체는 근원적으로 심오하게 근거지워진 공동체 구성원들의 결합이 아니고 목적공동체이기 때문이다.[98] 여기서 '자기'와 '법칙'의 관계는 이 관계의 법지위의 유한성 안에 고정된 자기가 단지 자기 개인성의 기능인 질서를 만드는 것으로 그렇게 형성되었다. 그러므로 이기주의적 특징은 질서에 필연적으로 내재하고 있다.

이 입장을 칸트의 사고와 비교하게 되면 칸트에게서 주관성은 근본적으로 성찰성이라는 것이 먼저 눈에 띌 것이다: 자기는 자신의 고유한 원칙(준칙)을 자각해야 하고, 이것이 일반법칙으로 고양되도록 한다. 법이나 권리는 여기서는 아직 문제되지 않는다; 본 연구의 제2장에서 보여주는 것처럼, 법이나 권리에 대한 단계는 법에서 전제하고 있는 토대에서 비로소 추가적으로 시도해야 하는 단계이다. 이를테면 로크의 경우 직접 자기의 존재에서 착수했다. 이것이 자기존재의 가능한 존재형태로서 증명된다고 해도 (그래서 바로 소유 개인주의라는 비난을 하지 않아도[99]), 자기의 다른 존재형태를 무가치한 것으로서

---

95 *Locke*, Zwei Abhandlungen, §§ 95 이하.
96 *Locke*, Zwei Abhandlungen, §§ 87 이하, 123 이하.
97 *Locke*, Zwei Abhandlungen, §§ 211 이하 비교.
98 그러나 로크는 권리의 기초를 절대성에서 찾고 있다는 것을 지적해 두어야 한다(신은 인간을 세상에 보냈다, *Locke*, Zwei Abhandlungen, § 6). 절대성의 현재 형태에서 서구 자유주의에 이러한 전통사조를 한 번 더 자각하게 하는 것은 독자적인 연구 가치가 있을 것이다.
99 예를 들면 *MacPherson*, Besitzindividualismus, zu Locke, 219면 이하 비교; 로크의 단순화시키는 취급에 대한 타당한 이견은 예를 들어 *Brandt*, Locke und Kant, 87면 이하.

배제하려는 오만한 주장이 될 것이다. 바로 이러한 편협한 개인주의의 존재형태는 그러므로 — 보편적으로 규정된 존재형태로 고양되어 — 그들의 의식적인 삶의 토대를 자율성의 다른 형태에 두고 있는 모든 이들의 저항을 반드시 야기하게 된다.

d)

이런 이유로 숙고의 진행을 위해 다시 한 번 보다 더 정확하게 자율성 개념과 함께 자기존재 개념을 고찰해야 한다. 보여준 것처럼 실천 개념으로 생각한 '법칙'의 개념에는 이미 한 문화 속에서 타인과 공존하는 삶이 들어 있다. 하지만 이에 대해 자기는 그럼에도 불구하고 각기 고유한 개인의 통일체로서 파악되어야 하는 것으로 보인다. 그러나 더 정확한 숙고는, '자기'는 한 사람과 다른 사람(자아와 타아)의 상호관계를 내포하고 있으며, 더욱이 자신의 의식적인 존재를 위해 이 관계를 전제하는 것임을 보여준다. 이것은 바로 법의 관점에서 자율성의 규정에 대한 완전히 새로운 가능성을 열어주고 있다.

VI. 자기존재의 근원

1. 자의식의 조건인 실천

지금까지 행한 사고과정에서 개개의 자기는 세계와 마주하고 있으며, 이 세계 속으로 자기는 자신의 행위를 통해 영향을 미친다. 이 행위의 근거이자 자기의 통일체인 '자아(= 나)'는 이때 전제되고 있다. 이 전제의 설정은 외부에서 할 수 있는 것이 아니라, 세계와의 관계에서 — 객체로 이해하여 — 세계가 아닌 오로지 '자아'에 의해서만 가능하다. 하지만 자기 자신으로부터 이러한 가능성을 근거지울수 있는지는 의문이다. 왜냐하면 이 가능성에 대한 질문에서 도달하는 모든 해명은 우선적으로 설명되어야 하는 자기를 항상 전제하기 때문이다. 자아와 세계의 관계는 그래서 결국에는 미규정인 채로 남게 되며, 그 이유는 이러한 관계의 한 쪽이 미규정인 체로 있게 되면, 다른 쪽 그리고 이렇게 관계 모두 미규정인 채로 있기 때문이다.

어쨌든 이 문제를 일정한 지점까지 해결한 것은 피히테(Fichte)의 중요한 업적중의 하나였다. 그는 자의식의 근거를 한 지점까지 추적했으며, 여기서 자의식은 타의식이 자의식에게 이 자기형성(= 자기됨)을 가능케 함으로써, 즉 의식을 위해 자의식을 원조함으로써 분명해진다.[100] 아직 더 정확하게 설명되어야 하는 이 과정은 타인의 승인에 대한 개념 그리고 이로써 생기는 승인관계의 생성 개념에서 언어적으로 요약되었다. 이 개념의 모든 내용은 타인('형

---

100 이에 대해서는 *Henrich*, Fichtes ursprüngliche Einsicht, 188면 이하 참조; *Zaczyk*, Das Strafrecht in der Rechtslehre J. G. Fichtes, 14면 이하; 그 밖에도 *Kahlo/Wolff/Zaczyk*(편), Fichtes Lehre vom Rechtsverhältnis에 수록된 논문들.

성되는 자')에 대해 한 사람의 능력('승인')만 문제될 수 있는 일방적 이해에서 추론되는 것이 아니다; 오히려 내용은 여러 방향과 차원으로 전개되어야 한다. 내용에 중요한 것은 인간의 실천 속에서의 자기경험이다. 승인의 전개 과정에서 자기결정의 현실성은 자기결정적인 타존재에 대한 종합추론과 밀접한 연관이 있으며, 이 타존재는 그의 행동이 의식적인(자의식적이며 타의식적인) 행위로서 설명되어질 수 있다는 점에서 자연의 모든 대상들과 근본적으로 구별된다. 이로써 개개 의식에 해명, 즉 의식적인 고유한 자기존재의 생성에 대한 성찰적 분석이 가능해지는 것이다.[101]

현존하는 자의식(각기 고유한 자아)과 이에 가능한 생성 조건의 귀납적 확신은 이 과정에서는 기본단계이다. 자기는 자기를 행위의 근거로 체험함으로써 자신의 행위에서 스스로를 경험하게 된다. 하지만 이러한 자기경험은 개개인이 자신의 행위 속에 연루되어 있는 동안은 불가능하다. 그러나 자기를 여기서 분리시키고 자기존재를 경험할 수 있도록 개개인은 시작해야 하며, 이는 자기를 세계에 대항할 수 있는 오로지 발전된 의식에서만 가능하다. 하지만 이로써 맨 먼저 근거지워져야 하는 것, 바로 스스로 근거지우는 의식이 전제된 것이다. 이렇게 해서 끝없는 회귀, 자신에 대한 회전이 생겨난다.

그렇지만 의식은 견고한 타의식 속에서 근거를 찾으며, 행위를 실행하고, 이 행위에서 의식은 자기존재로서의 한 사람을 승인하며, 그래서 그에게 자신의 경험을 가능하게 하고, 자기존재는 인간으로 계발되어야 하는 것이다. 피히테는 다른 사람의 이 선여(Vorgabe)를 효력(즉 실천)을 위해 결심하는 한 사람에 대한 요구라고 부른다. 그래서 요구에는 말하자면 요구 받은 자의 회의적인 기투(企投)가 있지만 그는 질문에서 이미 존중되는 것이다. 요구 받은 자가 마찬가지로 행위의 근거로서 입증되고, 이 행위가 요구하는 자를 존중한

---

101 [또 헤겔의 철학도 고려한] 승인개념에 대해서는 *Siep*, Anerkennung als Prinzip 참조; *Wildt*, Autonomie und Anerkennung.

다고 답한다면, 먼저 문제되는, 즉 잠정적인, 관계는 정언적이고 절대적으로 된다. 한 사람의 실천과 타인의 실천, 한 사람의 자의식과 타인의 자의식은 상호작용하는 통일성을 형성하는 것이다.

2. 자의식의 조건인 타인과의 통일성

피히테는 이러한 개념적으로 매우 농축된 과정의 체험 가능한 생성을 부모에 의한 자녀의 교육에서 구체적으로 설명하고 있다. 하지만 이 과정의 설명에서 이를 생도들에 대한 양육으로 폄하시키는 위험을 방지해야 한다. 이 개념(승인관계)을 실천논리학에서 인간 삶의 이력으로 한 번역 속에는 추가적인 통찰이 숨겨져 있고, 이는 피히테 자신이 — 물론 의도적인 것은 아니었지만 — 승인관계를 (곧바로, 그러나 이렇게 함으로써 단순화하여) 법관계와 동일시했기 때문에 가려졌다.

모든 인간은, 그저 생물체로 간주한다 하더라도, 자기형성을 위해 자기를 돌보는 타인의 애정 어린 보호, 즉 이상적인 전형인 부모를 필요로 한다. 타인(= 부모)은 그의 외적인 존재의 근원이며, 오랫동안 타인 없이는 아무것도 할 수가 없다. 자연적 관점에서도 인간은 타인 없이는 성장할 수가 없고, 자의식의 생성을 위해서도 타인을 필요로 한다. 오로지 애정 어린 보호를 통해서만 인간은 자신의 성향에 의해 원래 그러한, 자기의식을 지닌 인격적인 통일체, 자기존재가 되는 것이다.[102] 이를 발달심리학과 특히 아동 및 청소년심리학 연구에서는 — 긍정적인 배경에서만 이해될 수 있는 인격성의 오발달의 생성에 대한 이해를 포함하여 — 인상적인 방법으로 실증하고 있다.[103]

---

102 따라서 헤겔은 적절하게 가족을 인륜성의 차원으로 파악했다; *Hegel*, Philosophie des Rechts, § 157, §§ 158 이하 비교. 이에 대해 자세히는 가령 *Bauer*, Natur und Sittlichkeit, 특히 181면 이하; *Weber*, Theorie der Familie, 특히 79면 이하.

개개인 자신이 오로지 받기만 하는 것처럼, 이렇게 개개인의 성장의 기원에서 개개인에게는 제공되기만 한다. 자기존재로서의 인간존재의 이러한 형성과정은 양육과 보호의 자연적인 면이 있지만 이 과정의 전 특징은 정신적인 본질의 시선에서 비로소 해명되는 것이며, 이 본질은 자기존재에서 관철된다: 그것은 바로 사랑과 신뢰 속에서의 내적인 연결이고, 이것은 그러나 결국은 양육자가 그대로 둠으로써 형성되는 자에게 자기존재를 위한 여지를 준다. 이러한 발전의 목적지는 (앞의 V에서 전개한 자율성의 넓은 의미에서) 자율적인 자기이며, 이 자기는 이제 스스로 받은 것을 타인에게 베풀 능력이 있다.

이를 피히테처럼 법관계로 특징지으면 승인관계에 대한 온전한 이해를 어렵게 한다. 이것은 개진된 관계는 외적인 상호독립성에 국한한다는 가정을 시사해주고 있다. 하지만 이러한 이해와 함께 한 사람과 타인 간에 선이해된 통일성이 고려되어야만 하며, 이 통일성은 또 법관계의 가능성에 대한 근거를 내포하고 있다.

3. 이 통일성의 조건으로서의 초월성?

나-너관계에 관한 자기존재의 이 생성 영역의 차원을, 이것이 본 연구의 주제를 벗어나는 것처럼 보인다 하더라도 더 고찰해야 한다. 문제는 자기존재와 함께 또한 자의식이 절대성과 무관하게 사유될 수 있는지 여부이다.

피히테 자신은 이 문제에 답을 했다. 〈자연법의 기초〉의 §3에 대한 추론(Corollaria)에서 그는 적고 있다: "모든 개체들은 인간으로 교육되어야 하며, 그렇지 않고서는 인간이 될 수 없을 것이다. 이는 여기서 모두에게 제기되는 질문이다: 전 인류의 기원, 이른바 최초의 인간커플을 전제하는 것이 불가피

---

103 이에 대해서는 *Oerter/Montada*(편), Entwicklungspsychologie에 수록된 다양한 논문들 참조.

하다면 (…) ― 누가 그럼 이 최초의 인간커플을 교육했는가? (…) 정신이 이들을 돌보았다."[104] 요구와 대답의 기술한 관계, 즉 승인의 과정이 이의 고유한 가능성의 설명에서 늘 더 많은 상승을 강요하며, 결국은 자의식의 근원을 절대성에서 찾는다는 사실을 피히테는 알고 있다. 이 방법을 피히테의 출발점인 개개 자의식으로 환원하면, 자의식의 존재는 필연적으로 절대성과 관계를 맺고 있으며, 오로지 이 관계에서만 설명될 수 있는 것이라고 좋은 근거로 말할 수 있게 된다. 초월성에 대한 관계가 비로소 세상의 관계의 내재성 안에서 자기존재의 모든 설명을 가능하게 했다.[105]

이 점은 자율성 개념에 대한 추가적인 관점을 열어 주기 때문에 그래서 본 연구의 주제와 여전히 관련된다. 기독교가 자율성에 대한 서구적 개념의 형성에 어떤 의미가 있는지에 대해서는, 또한 기독교로부터 신에 의한 통치로 가는 길이 가능했다고 하더라도, 적절히 언급되었다.[106] 특히 칸트의 개념에서는 루터의 종교개혁과도 긴밀한 연관이 있음을 지적할 수 있다.[107] 하지만 확고히 해야 할 것은 (그리고 이것은 유럽 계몽에도 일반적으로 적용된다), 한 종교로서의 기독교에서 늘 상정한 절대자와의 연결은 또 칸트에 의해서 이성적으로 새롭게 규정되었다는 것이다. 칸트에게 있어 신은 인간의 실천이성의 요청이 되었고, 예수는 도덕적 교훈을 위해 묘사된 단지 역사의 "영웅"에 불과했다.[108] 이로써 독자적인 사고를 억압하려고 했던 교회신앙으로부터의 해방을 열망했던 한, 자의식의 내적 논리에서 나오는 이러한 거리 둠의 행위는

---

104 *Fichte*, Grundlage des Naturrechts, Werke III, 39면 이하.

105 *Henrich*, Fichtes ursprüngliche Einsicht, 188면 이하, 220면, 각주 29 참조; 동저자, Grund im Bewusstsein, 263면 이하, 426면, 753면 이하; 동저자, Denken und Selbstsein, 42면 이하, 81면. 주체성 사고의 이러한 귀결에 대해서는 *Korsch/Dierken*(편), Subjektivität im Kontext, 그리고 *Langthaler/Hofer*(편), Selbstbewusstsein에 수록된 논문들 참조.

106 이에 대해서는 *Blumenberg*, Autonomie und Theonomie, Sp. 787 이하, 791.

107 일반적으로는 가령 *Dilthey*, Weltanschauung, 212면 참조; 자세히는 *Bauch*, Luther und Kant, 특히 143면 이하; *Katzer*, Luther und Kant, 103면(루터와 칸트는 *Bruno Bauch*보다 서로 더 근접하고 있다). 또 *Blumenberg*, Kant, 554면 참조.

108 *Kant*, Religion, B 114/A 105 = AA 6, 82.

불가피한 것이었다. 보여준 바대로 이 문제가, 근대에서 많은 이들이 생각하는 것처럼, 명백히 해결되었는지는 그러나 의문이다. 이 질문에 대해 계속 논하는 것은 본 연구의 범위를 넘어선다.[109] 하지만 문제를 상기하는 것은 거만과 불확실성 사이에서 동요하는 서구 민주주의의 태도를, 절대자에 대한 이 연결을 여전히 단절하지 않았고 또한 자기를 이 연결에서 이해하는 문화에 설명하는 데 도움이 된다.[110] 이 점은 국제적인 법관계의 형태에서 중요해지며, 이는 이러한 문화들을 승인하여 고려하지 않고는 상상할 수 없다. 왜냐하면 자기는 자신이 살고 있는 윤리적 질서와 자신의 관계에서 다양하게 (그리고 각자 자신에게 타당하게) 규정될 수 있음을 본 장의 숙고는 보여주었기 때문이다. 이것은 결코 근거 없는 상대주의를 옹호하는 것이 아니다; 이는 뒤에서 보여주게 될 것이다. 하지만 언급한 근본관계 속으로는 여행하듯 임의로 오고 가고 할 수가 없다; 오히려 이 관계는 전 생애와 전 문화를 형성한다. 근본적으로 타당한 법개념을 발전시키고자 하는 본 연구의 과제를 위해서는 자기의 이러한 상이한 위치의 의미가 부각되어야 한다. 왜냐하면 이로써 한 질서는 모두 옳고, 다른 질서는 기본적으로 잘못되었고, 한 질서는 우수하고, 다른 질서는 열등한 것으로 단언하며, 이로부터 실제 권능을 서로 도출하는 경계가 이미 토대에서부터 정해졌기 때문이다. 그러나 여기서 행한 고찰은 또, 자기 자신의 삶을 사는 것은 모든 인간에게 고유한 의식이라는 근본개념을 함유하고 있다. 이것은 자기의식의 특징에서 자유이다. 자의식과 자유는 상호 교환적인 개념이며, 하나는 다른 것이 의미하는 것을 뜻한다.

---

109 이에 대해서는 *Henrich*, Denken und Selbstsein, 13면 이하; 동저자, Grund im Bewusstsein, 753면 이하. 또 [스피노자(Spinoza) 윤리학의 맥락에서] *Bartuschat*, Selbstsein und Absolutes, 21면 이하도 참조.
110 이에 대해서는 또 다시 각주 85 비교.

VII. 자율성과 인간존엄

1. 자기존재와 인간존엄

사고과정상 여기서 도달한 지점은 인간존엄의 개념을 도입하고 규명하는 것을 가능하게 한다. 인간존엄의 개념을 인간의 자율성에서 도출하는 것은 빈번히 주장되는 논증방식이며, 이 논증방식에서는 (종종 너무나 갑작스럽게) 칸트와 연결시키고 있다.[111] 관련되는 것은 〈도덕형이상학 원론〉의 한 부분이고, 여기서 칸트는 인간의 존엄을 인간의 내적 가치로 묘사하며, 이는 인간을 근본적으로 모든 상대적인 가치나 값에서 배제한 것이다.[112] 그렇지만 자율성을 좀 더 나아가 예를 들어 존 로크(John Locke)의 의미에서, 서구 계몽의 주체의 견고한 자립성으로 이해한다면, 그렇게 또 '자기'와 '법칙'에 관해 사전에 형성된 관계규정과 함께, 다른 대안적인 관계규정에 어떤 여지도 허용하지 않는 듯한 자율성에 대한 이해를 수용한 것이다. 그리고 초월적이며 인간존엄을 떠받치는 근거로서 여전히 성경에 의지하는 인간의 신의 형상에 대한 사고를 참작한다면, 이러한 인간존엄의 근거지움에는 보편적인 타당성을 위한 길은 차단되어 있는 것 같다.

여기서 획득한 인간의 의식적인 자기존재로서의 자율성 개념에 의하면 칸트의 계승에서, 강조점은 달리 두었다 하더라도, 무엇 때문에 자율성에서 나오는 존엄이 불가피한 인간의 특성인지가 완전히 드러나게 된다. 왜냐하면 삶

---

111 논문 모음집 〈Freiheit als Rechtsprinzip〉에 수록된 *Gerhard Lufs*의 논문들 비교.
112 *Kant*, GMS, BA 77 = AA 4, 68.

에서 인간의 자기 방향설정의 정신적인 힘은 인간의 자연적 존재와 결부되었기 때문이다. 이렇게 해서 타인이 완전히 이해될 수 있으며 — 또 이 타인은 근본관계에서 동등하고, 역시 자기존재를 지닌 오로지 다른 타인에 의해서만 이해될 수 있는 것이다. 인간의 이 통일성은 수의 통일이 아니다; 자기존재는 생동하고 계속 발전하는 활동적인 통일체 개념이고, 이 통일체는 유일하며 오로지 일회적으로만 존재한다. 이 통일체는 결코 외부에서 관철력을 가지고 그렇게 완전히 늘 고유한 내가 무의미하게 되거나 또는 완전히 사라지도록 규정될 수 없다.[113]

이렇게 이해한 인간존엄에 대한 개념에서 인간존엄의 근거는 사실상 오로지 자율성이지만, 자기는 타인과 대항하고 있는 것이 아니라, 타인과 함께 존재하는 늘 발전된 방식에서의 자기존재로 이해한 것이다. 이때 진행상 '자기'와 '법칙'에 대한 다양한 규정이 가능할 수 있다는 것은 이 규정의 상호 관계를 위해서는 아직 중요하지 않다; 이 문제는 법에서 비로소 논제가 된다. 그래서 인간존엄 개념은 '미개 문화'라고 말하는 것을 금지하며, 이러한 주장을 가지고 이 문화에 대해 어떤 권능을 도출하는 것은 (가령 그 문화의 가족들을 노예로 삼는 것은) 전적으로 불가능하다.[114] 세계상에서는 당연히 차이가 확인될 수 있으며, 예를 들어 발전된 산업국가들은 기술의 성공 덕택에 외적인 삶의 극복에서는 자연신에게 빌고 삶의 조건을 운명적인 것으로 수용하고 단순히 순응하는 공동체에 비해 상대적으로 우위에 있음을 부인할 수는 없을 것이다. 하지만 여기서 외적이고 단순히 물질적인 삶의 극복에 대한 일방적인 편중으로 인간존재의 다른 차원이 미개발 상태로 있는지, 이 다른 차원의 상태

---

113 따라서 어떤 세계관을 가졌든 독재자들의 관심은 이러한 일반적인 의미에서 항상 자율성의 제거에 있으며, 자율성의 힘은 이 자율성의 제거가 결국은 반드시 실패하는 이유이기도 하다. 인간에 의한 인간의 가장 소름 끼치는 굴욕의 하나인 고문도 인간의 자기존재에서는 그 한계에 이른다.
114 이에 대해서는 또 Zaczyk, Wie ist es möglich, ein Menschenrecht zu begründen?, 259면 이하 비교.

가 그 입장에서 좋은 근거로 미개하다고 할 수 있는지 여부는 중요하지 않았다.

2. 법의 근거로서의 인간존엄

인간존엄은 모든 인간존재의 특성이며, 한 개념에서 인간의 총체성을 내포하고 있다. 인간존엄은 시간적으로 인간이 발전되는 성숙의 산물이 아니라, 난자와 정자의 결합으로서 근거지워졌으며, 죽을 때까지 인간이 지닌 특징이다. 인간존엄은 인류의 부분으로서의 개개인을 입증하는 것이고, 인류는 또 개개인을 통해서 전체로서 표현된다. 인간존엄은 어떤 것을 다른 것과 바꿀 수도 있는 개별 지위로 분할되는 것이 아니기 때문에 권리가 아니다. 따라서 인간존엄에 대해서는 심판원도 존재할 수 없다.[115] 인간존엄은 법으로서의 사고실험으로 생각하면 역설이 된다: 즉 (홉스에게서처럼) 모든 것에 대한 권리인 동시에 근본적으로 모든 권리의 부정인 것이다.

인간존엄은 법의 근거이며, 법의 근거는 법원칙을 생기게 한다. 왜냐하면 인간존엄은 개개 존재와 연결할 때에만 생각할 수 있기 때문에, (둥근 구인 지구라는) 단일한 세계에서 (정신적이고 자연적인, 바로 인간존재로서의) 개개인의 존재를 보장하는 삶의 관계도 만들어야 하는 요구가 인간존엄에는 내포되어 있다. 그러나 삶의 관계는 항상 타인과 공존하는 공동체에서만 생각할 수 있다; 이는 여기서 전개된 자율성 개념에 이미 들어 있는 것이다. 자율성과 그 기원에서 한 사람은 타인과 **나란히** 자기 생을 살 수 있어야 한다는 것이 사

---

115 독일 기본법 제1조 제1항(인간의 존엄은 불가침이다)을, 독일 헌법론에서 널리 확산된 견해처럼 권리를 선언한 것으로 간주하는 것은 착오이다; 이에 대해서는 *Herdegen*, in: Maunz/Dürig, Grundgesetz, Bd. 1, Art 1, 각주 8과 9에 있는 많은 참고문헌과 함께 난외번호 29. 이런 착오를 범한다면, 이로써 이렇게 도출한 사고의 끝에서는 불가피하게 인간존엄이 실정법의 법률가들에 의해 그들의 관리 (그리고 경향상으로는 더 심하게 행정법의) 대상으로 된다. 여기서 전개된 이해에 대해 자세히는 (물론 여전히 '권리에 대한 권리'로서의 인간존엄에 대한 것이지만) *Enders*, Menschenwürde, 501면 이하.

고상 필연적으로 도출된다. 이 사고는 법원칙 속에서 총괄되며, 이 법원칙은 삶의 구상에 대한 통일성과 차이성을 동시에 내포하고 있고, 그래서 지상에서의 공동생활도 가능하게 한다. 결국 이러한 인간존재의 생활에 필요한 외적인 헌법은 인간존엄에 의해 요구되고 법에 의해 행해지는 것이다.

제2장

자율성과 법

I. 문제 제기의 확장

이 책 제1장에서의 사고과정은 모든 인간의 자기관계와 함께 인간의 근원이며 간과할 수 없는 자기성과 개체성에 집중했으며, 이때 비록 자신과 동등한 타인과의 연결이 자기관계의 생성과 형태를 위해 매우 중요했고 결국은 인간존엄 또한 인간 상호 간의 관계에서 근거지워졌다고 하더라도 말이다. 이렇게 파악된 자율성으로서의 자기존재의 결정적인 특징은 인간의 실천, (가장 넓은 의미로 이해하여) 인간의 행위이며, 여기서 의식과 삶이 특별한 방식으로 결합한다; 따라서 칸트가 소개한 행위유형학은 제1장의 중요한 요소였다.

이제 해내야 하는 사유작업은 인간의 실천을 인격체 상호 간의 차원에서 보다 더 면밀하게 고찰하고 실천의 요건과 결과에 대해 묻는 것이다. 잠정적인 개요에서 보자면 또 다음의 것이 드러난다: 개개인의 자기존재는 모두를 연결하는 단일한 외적인 세계 속에서 오로지 타인과 공존하는 존재를 통해서만 이해될 수 있기 때문에, 상호적인 이 공동의 자기존재가 행위로 인해 관련되는 한 개개인의 실천은 타인의 자기존재(그리고 타인의 실천은 개개인의 자기존재)와 조화되어야 한다. 이 표현에서 나타나는 상호적인 존재승인의 원칙, 이 안에서 인간의 실천 속에서의 개체성, 상호인격성 그리고 보편성이 결부되고, 이는 법원칙이며 법적-실천이성으로서의 이성을 통해 도출되었다.[1] 법원칙은 인간의 실천과 직결되어 있으므로, 인간의 실천을 (인간의 외적인

---

1 이것은 핵심에서 〈도덕형이상학〉의 법론에 관한 서언(Einleitung in die Rechtslehre)에 있는 § B의 내용이다(AB 31-34 = AA 7, 229-233). 본 연구의 사고과정에서 법원칙은 자율성에 대한 다소 변형된 구상을 통해(제1장) 관계자 간의 다른 중심에 놓여졌으며, 이는 특히 피히테의 법관계 개념에 힘입고 있다. 이에 대해서는 또 *Zaczyk*, Struktur des Rechtsverhältnisses, 9면 이하.

자기-실현으로서) 경험적으로뿐 아니라 실천논리적으로도 고찰한다면, 법원칙의 전개와 효과는 주체의 모든 개별적인 외적 행위 속에 이미 내포되고 함유되어 있다.[2] 법원칙은 이렇게 모든 실정적이고 단순히 개별적인 법에 선행하는 것이다.

이 법원칙의 전개는 ─ 아직 개관적으로만 말해두지만 ─ 법의 세 지평(시야)으로 향하며, 이 지평은 각각의 고유한 의미를 상실하지 않고 서로 이행한다. 첫째 지평은 개개인의 외적 행위에 의한 것이지만, 이는 이미 타인의 외적 행위와 관련되는 것이다; 첫째 지평의 경계선은 개개인의 상호 조화성에서 인격체들의 개인적인 삶을 형성한다. 이 지평 안에 유일한 인권이 있다: 이는 자유이며, 그러나 이것은 주체와 관련시켜 생각해야 할 뿐 아니라, 다른 두 지평에서도 계속해서 뚜렷하게 나타나고 있다. 둘째 지평은 인격체들의 제정된(=헌법에 근거한) 공동체이다; 이 지평의 경계선은 내부로의 이 공동체('국가')의 주권(자기결정)이며, 이 주권이 비로소 법의 화신인 법관을 가능하게 한다. 셋째 지평은 지구상에서 공동체들의 공동체이다; 지구의 표면이 닫혀 있는 것처럼 법의 영역도 그렇게 인류의 삶 속에서 닫혀 완성되는 것이다.[3]

---

2 이것은 칸트의 정식이 지시하는 의미 중의 하나이고, 이에 의하면 법원칙은 "분석적"이다(*Kant*, MdS, Tugendlehre, A 31 = AA 7, 396). 하지만 이때 칸트에게서 의식과 삶의 통일성은 전제되었으며, 이는 이미 본 연구의 제1장에서 강조되었다.
3 지평 개념은 여기서 이른바 이 개념의 인식이론적인 관련에서가 아니라, 법에서 실천의 상이한 차원과 관련하여 (상호인격적, 공통적-일반적, 보편적으로) 사용되었다.

II. 타인과 공존하는 자기존재

1. 실천에서 자기연관성과 세계연관성

자기의 본원적인 통일성은 각자의 행동에서 탁월한 방식으로 경험하게 된다; 이에 대해서는 이미 본 연구의 제1장에서 재차 언급되었다. 무언가를 움직이거나 조립하거나, 누군가에게 열중하거나 무언가를 조형하는 것은 삶의 기본경험이며,[4] 이는 어린 아이들에게서도 관찰할 수 있고, 자신의 전 생애를 회고해 보아도 알 수 있다. 주변 세계에 대한 이 진출에는 자기관계는 물론이고 세계관계에서도 (현실과 영향에서) 특유하다. 이로써 행위의 세계함유성이 인간의 실천 개념에 본질적으로 포함되어 있다고 말할 수 있을 것이다. 행위의 세계함유성은 행위의 의식성을 위한 결코 단순 첨가물이 아니라, 본질적인 부분이다. 여기서 이미 언급한 자기와 삶의 결합이 드러나며, 이것은 실천의 토대와 범위를 형성한다. 이 관계를 파괴하는 인간의 실천에 관한 모든 진술은 이러한 통일성을 근본적으로 놓치고, 진술의 더 추상적인 규정에서 다시 실천에 대한 (예컨대 규정적인) 입구를 발견할 수 있는 장소를 찾아 내지 못한다.[5]

---

4 간단명료하게는 *Fichte*, Grundlage des Naturrechts, Werke III, 20면: "근원적인 자의식의 자아"로서의 실천적인 자아.
5 이 관점에서 소위 담론이론의 주요한 결함은 칸트의 정언명령의 행위관련성을 해체하고, 보편화 원칙을 분리시킨 다음 단순히 지적인 형식원칙으로 이해했다는데 있다; 그러면 실천은 실천에 관한 말에만 국한된다.

2. 자기존재와 승인

자기연관성과 세계연관성의 이 연결의 또 다른 차원은 제1장에서 설명한 자기존재에 대한 생성조건을 거슬러 올라가는 것에서 해명된다. 타인의 행위는 개개인이 성장하고 활동의 자의식적인 중심이 될 수 있도록 했다. 인간에게 있어 자연적으로 보이는 이 과정은 실제로는 실천능력의 결과이다. 왜냐하면 양육하고 교육하는 자는 결코 본능에 따라 행위하는 것이 아니라, 그 자신이 스스로 결정하여 행위하기 때문이다(그러므로 그는 필요한 것을 또 소홀히 할 수도 있다). 이 맥락에서 이들의 행위는 (자연적인 관계도 여기서 매우 중요할 수 있지만) 항상 타인의 자기형성에 대한 통찰의 바탕이 되며, 교육하는 자가 이미 그런 것처럼 타인도 그렇게 스스로 결정할 수 있게 (자율적으로) 되어야 하는 것이다. 이 점에서 외적인 목표설정이 반드시 자기관련적인 (굳이 말하자면 이기적인) 것만은 아니고, 오히려 자기결정적이면서 동시에 타인과 관련될 수 있음이 드러난다. 이제 이 사고는 우선 교육의 좁은 영역에 제한되었으며, 교육은 그 실행을 타인의 자기존재에서 찾고 있다.[6] 이 사고의 근원에서 타인과의 이러한 첫 접촉은 (청소년의 관점에서 보면) 여전히 내적 관계와 현격히 구별되지 않는 방법으로 자기존재를 내포하고, 특히 사랑과 신뢰로 이루어진다(미리 말해두자면 이런 이유에서 제한된 외적인, 법적 규정만 가능한 것이다).[7] 이 상호성의 영역을 가족이라는 개념으로 표현할 수 있지만, 가족은 시민적인 소가족과는 달리 이해해야 한다. 왜냐하면 중요한 것은 근원적인 관계의 본질이지 그 관계의 (또 역사적으로) 상이한 형태가 아니기 때문이다.

---

6 현존하는 자의식과 교육의 관계는 피히테에게서 특히 더 부각되었다. 이에 대해서는 *Fichte*, Grundlage des Naturrechts, Werke III, 39면 이하. 또한 *Hegel*, Philosophie des Rechts, §§ 173-177 참조; 이 외에도 *Weber*, Theorie der Familie, 95면 이하.
7 *Hegel*, Philosophie des Rechts, § 159 참조.

여기서 일어나는 정신적 능력을 이 영역으로부터 자유롭게 하고 이를 타인과의 관계로 옮겨본다면, 이 능력은 공통의 중심에서 발생하는 상호성에 토대를 둔 각자의 행위영역에 대한 이해를 내포하고 있음이 드러난다. 각자 삶의 실정성으로 인해 모든 인간은 타인의 선여성(先與性, Vorgabe)의 형태에서 그와 동등한 인간으로 승인받을 근원적인 권리가 있다. 이것은 경험적인 교훈이 아니다; 이는 인간의 얼굴을 가진 모두에 의해 모두를 위해 요구되는 것이다.[8] 따라서 법원칙은 외적인 행위에서 타인의 자기존재의 적극적인 승인으로서 계속해서 내용적으로 규정되게 한다.[9] 이것은 상호적이다; 오로지 법의 식을 통해 규정된 타인의 행위에서 인간의 법성이 드러난다.

3. 의식과 존재의 종합으로서의 행위

행위의 세계함유성은 행위의 토대에서 인간은 오로지 자신의 육체를 통해서만 생존하고, 오로지 이 육체를 통해서만 행위할 수 있다는 것으로써 근거지워졌다. 이로부터 여러 가지 결론이 나온다: 육체는 물질세계의 일부이지만, 개개인에게는 원래 자기의 한 부분이며, 따라서 이는 모든 법행위 이전에 존재하고, 인간존엄의 근거지움 자체와 결부되어 있다. 하지만 개개인은 이러한 육체를 통해서만 행위할 수 있고, 타인과 공존하는 존재의 상호성을 통해 이것이 타인에게도 유효한 것을 알기 때문에 존중함으로써, 육체의 완전성은 각자의 생명처럼 행위에서 상호적으로 반드시 승인되어야 하는 권리이다.[10] 그러나 결국은 세계의 이 특별한 장소에서 개개 행위에서의 의식과 존재는 결

---

8 이에 대해서는 Zaczyk, Wie ist es möglich, ein Menschenrecht zu begründen? 265면 이하 참조.
9 피히테(Fichte, Grundlage des Naturrechts, Werke III §§ 1-4)는 그래서 승인관계를 일반적으로 법관계로 규정했으며, 여기서 자의식의 생성을 도출했다. 하지만 모든 관계에 존재하는 의식의 상호연관성은 더 깊이 관련되고, 피히테가 이를 [오류로] 법관계의 이러한 이해에서 형법에 대해 전개한 것과 같은 결론을 또한 배제하는 것이다; 이는 Zaczyk, Anerkennung 참조.

합한다. 그러므로 자율성에서 근거지워진 법이해에서는 그 근원에서 존재와 당위의 차이성이 지양되고 의식적인 행위 속에서 종합적으로 하나가 되는 것이다.[11]

4. 행위의 세계함유성의 요소들

a)

행위의 세계함유성은 먼저 이미 인격체의 실질적인 육체성을 통해 확증되며, 모든 행위의 자기연관성과의 관계에서 외적인 목적의 설정과 행위를 통해 그 실현은 세계 속에서 그때그때마다 자기의 특징이 된다. 아무리 이 자기의 특징이 타인의 목적설정과 조정된다고 하더라도 (예컨대 특히 매우 난이한 작업과정에서의 분업적인 협력의 경우) 완전히 무의미하다고 말하고 사라지게 할 수는 없다; 자기의 특성이 이러한 한 개체의 목적설정과 목적실현으로서 그 독자성을 늘 유지한다면, 이는 개인의 자기존재에서 기원하며, 타인의 자기존재에서 기원하는 것이 아니다. 자기의 특징은 자기존재의 목적실현을 지속하고 자기존재가 자기 삶에 부여하는 의미가 된다. 광범위한 (그리고 결코 사물에만 관련되지 않은) 이해로 여기서 개개인의 점유(Besitz)에 관해 말할 수 있다. 이때 중요한 것은 근본적으로 자기는 자신의 행위에서 외적으로 실제적이며, 자신에게 고유한 외적 연속성을 보여준다는 것의 확인이다. 자기가 이 관점에서 스스로를 이해하고 보존하듯이 그렇게 또 자기는 타인을 이해해야 하는 것이다. ― 이는 뒤의 2에서 설명하는 승인능력의 해명에 있어서의 또

---

10 피히테는 이 맥락에서 근원적인-법(Ur-Recht)에 대해 말한다; *Fichte*, Grundlage des Naturrechts, Werke, III, § 11, 또한 § 10도 참조.

11 *Fichte*, Versuch einer neuen Darstellung der Wissenschaftslehre, Werke I, 467면 참조: "행위개념은 […] 우리를 위해 존재하는 두 세계, 감성계와 예지계를 하나가 되게 하는 유일한 개념이다. 나의 행위에 대항하는 것은 - 나는 유한하기 때문에 무언가 내 행위에 대항해야 하며 - 나의 행위로 인해 생겨나는 감성계, 예지계이다."

다른 단계이다. 이러한 의미의 점유는 여러 관점에서 소유(dominium)와 구분해야 한다: 점유는 사회적으로 확립되지 않았으며, 특히 타인을 배제하는 의미내용을 가지고 있지 않다. 오히려 실제로 문제가 되는 것은 세계에서 한 위치를 가지고, 이것이 자기와 모든 타인에게 타당하다는 것을 아는 모든 인간이 지닌 필요성에 관한 것이다.[12]

b)

점유의 이 근본 개념에는 실천적인 자기존재의 또 다른 두 요소가 있으며, 둘째 요소는 첫째 요소에 의존하고 있다:

aa) 개체로서의 유한한 인간의 존재는 출생과 더불어 시작된다: 인간은 '세상에 나오는(태어나는)' 것이다.[13] 인간의 장래생존을 위해 불가피한 조건은 이 지구에서의 자리이다. 지구는 닫힌 표면(구형태)이며, 인간은 — 순수하게 자연적으로 보면 — 육지동물이기 때문에 지구에서한 장소의 점유에 대한 필연성은 인간의 존재 자체에서 기인하고 있다. 이 필연성은 타인에게 반드시 요구해야 하는 권리의 형태로 공식화해서는 안 되고, 오히려 다른 모든 행위에 토대가 된다.

칸트는 그의 법론에서 지면의 점유와 다른 외적 영역의 (단순한 예를 하나 선택하면 예컨대 어떤 물건의) 점유는 서로 원물과 부수입 같은 것이기 때문에 그래서 지면의 점유가 또 매우 중요하다는 것을 적절히 지적했다.[14] 왜냐하면 만약 개개인이 지구상에 자신의 자리가 없다면 그와 함께 그의 모든 외적 점유는 누군가가 그 자리를 점유하려고

---

[12] 주로 산업국가에서 볼 수 있는 실업률의 일정한 비율을 당연한 것으로 받아들이는 경향은 고도로 발전했다고 생각하는 현대에서 비인간성의 (수많은) 징후 중의 하나이다. 이에 대해서는 또 많은 참고문헌이 적시된 *Köhler*, Das ursprüngliche Recht, 317면 이하.

[13] 이것은 앞에서 전개한 생식의 순간에서의 인간존재와 그 존엄의 규정에 대한 이의가 아니다. 법에 해당되는 외적인 존재의 맥락은 출생과 함께 비로소 생긴다. 그 전에 인간은 타인(어머니)과 상상할 수 있는 가장 긴밀한 관계에서 타인의 존재의 부분으로 생존한다. 이것은 두 인간의 연결이지만, 두 법인격체의 연결은 아니다. 이러한 사실로부터 낙태문제를 단지 종래 법개념의 병기창으로써 적절히 해결하려는 것은 불가능하다는 결론이 나온다.

하면 그 자리에서 내몰릴 수 있기 때문이다. 모든 활력에서 인간의 행위는 중심이 필요하고, 중심은 토대를 필요로 한다.

지상에서 모든 인간을 위한 자리의 필수적인 비치에서는 이미 법의 근원에서 기타 인간의 물질적 요소들이 탁월한 방식으로 고려되며, 이 고려는 근거지움에 대한 과정의 마지막에 법원칙의 셋째 지평으로, 그렇지만 바로 원칙의 전개 후 그 개별형태에서 비로소 연결되는 것이다: 지표면의 단일성은 지표면과 관련하여 인류의 단일성에 부합한다. 이런 이유로 칸트는, 인류는 지면에서 시원적인 총체적 점유(ursprünglichen Gesamtbesitz)를 가진다고 적절히 말했다.[15] 하지만 모든 인간은 이 총체적 점유에서 자신에게 속하는 부분을 가지고, 모든 인간의 존재가 이 총체적 점유 속으로 들어오고 포함된 것으로 사유되어야만 그래야 이 관점에서 인류의 단일성이라는 말이 공허한 개념이 아니게 된다. 따라서 지표면은 개개인의 토지의 합으로 보아서는 안 되고, 오히려 지표면의 단일성에서 개개인을 통해 나누어진 것으로 보아야 한다.[16]

bb)   자기 현존재의 이 실질적 기초를 개개인에게 사유적으로 확실히 하

---

14 *Kant*, MdS, § 12. – 칸트의 점유론에 대해서는 예컨대 *Brandt*, Eigentumstheorien, 167면 이하; *Brocker*, Kants Besitzlehre; *Kühl*, Eigentumsordnung als Freiheitsordnung; *Luf*, Freiheit und Gleichheit, 70면 이하 참조; 그 외의 체계적인 맥락에 대해서는 *Bartuschat*, Zur kantischen Begründung, 11면 이하, 17면 이하; *Kahlo*, Verhältnisbestimmung von Ethik und Recht, 243면 이하 참조.

15 *Kant*, MdS, AB 84 = AA 7, 262. 칸트는 시원적인 총체적 점유를 '고안해낸 태초의(gedichteten uranfänglichen)' 총체적 점유 개념과 구별하며, 이 개념은 인류는 태고 이전부터 언젠가 실제로 지면의 공산주의 사회조직에서 살았다는 것을 암시해준다(이에 대해서는 또 *Kersting*, Wohlgeordnete Freiheit, 350면). 이러한 상상에 대한 칸트의 거부는 또, - 칸트와 달리 - 실천에서 예지계와 현상계를 통합하여 함께 생각한다면 타당한 것이다(아래의 각주 16 참조). 왜냐하면 시간순서상 태초의 총체적 점유는 이미 인식이론적인 근거에서도 파악될 수 없기 때문이다.

16 칸트는 그의 점유론을 실천이성의 요청으로 시작하며, 이 요청에 의하면 자의의 모든 외적인 대상을 그의 것으로서 가지는 것이 가능해야 한다고 한다(MdS, § 2). 여기서 칸트는 이 외적 대상의 취득으로 나아간다(§§ 10 이하). 또한 지면에 대해 칸트는, 이 맥락에서 지면은 근원적으로 취득될 수 있어야 한다고 한다(§ 12). 하지만 근거지움의 단계들의 이 결과는 이성은 늘 삶과 조정된다는 것을 수용하지 않고 삶으로 꿰매려고 하는 칸트의 난관에서 기인할 수도 있다. 그러나 § 2가 (반대설의 부당함을 설명함으로써) 간접적인 증명의 형태를 지적하는 것은 또 분명 주목할 만하다.

고 난 다음에야 비로소 실천의 요소들에 대한 고찰은 행위의 실질적 내용으로 나아갈 수 있다. 이 장의 서두에서 이미 여기서 설명하는 자기연관성과 세계함유성의 맥락을 위해 (가장 넓은 의미의) '점유' 개념을 사용하였다. 이 점유개념에는 (기초에서도 자연과 함께 생명유지의 신진대사를 통해 반드시 필요한[17]) 외적인 목적과 목적의 실현 후에 일어나는 행위를 통해 형성된 외부 영역의 행위자에 대한 귀속이 들어간다. 이 지점에서 근대의 양대, 로크와 칸트의 소유권에 대한 근거지움이[18] 서로 연결된다. 로크는 소유권("property")을 개개인의 노동의 산물로 이해했다: 누구나 자기 인격의 소유권자이며, 자신의 육체와 손의 노동을 통해 외부의 물건을 자기 것으로 만든다.[19] 로크가 지금도 매우 명료한 방법으로 묘사한 과정을 실천의 일반이론으로 옮기고, 서구에서 주로 18세기와 19세기에 형성된 실천에 대한 이해의 '노동'과 '소유권'에 고정시키지 않는다면, 로크가 묘사한 자신의 외적 영역의 취득을 바로 이 사건의 진행성을 통해서 이런 식으로 확장된 이론 속에 충분히 통합시킬 수 있을 것이다. 로크의 실용적 사고는 행위과정의 동역성을 이용하고, 이를 주체와 결부시키며, 주체는 이 과정에 연속성과 통일성을 제공한다. 그리고 소유권에 대한 근거지움의 문제에서 오랫동안 동요했던 칸트는[20] 〈도덕형이상학〉의 법론에서 점유(소유)의 가능성과 현실의 물음에 응답하면서 정역성(Statik)과 동역성(Dynamik)의 독특한 연결을 해냈다: 이 특성은 칸트에게 있어 정신계와 현상계를 연결할 때 특히 난관이었으며, 그 연결은 어떤 외적인 것의 점유에서 첨

---

17 이에 대해서는 역시 *Köhler*, Kants Begriff des ursprünglichen Erwerbes, 19면 이하, 24면.
18 이 근거지움은 다른 근거지움과 더불어 흔히 소유권의 근거지움이라는 표제 하에 통합되기 때문에, 본문에서도 이렇게 칭하기로 한다; 그러나 '점유론'이라는 표제가 더 적절하다.
19 *Locke*, Zwei Abhandlungen, §§ 25 이하(§ 27).
20 이에 대해서는 많은 참고문헌이 적시된 *Brocker*, Kants Besitzlehre, 18면 이하, 170면 이하, 주 40 참조.

예화되어 나타난다.[21] 칸트는 원래 이 난관을, 어떤 외적인 것을 스스로 가진다는 것은 실천이성과 반드시 부합해야 함을 일차적으로 확인함으로써 해결했다. 그렇지 않으면 실천이성은 인간에게 세계에 대한 관계를 포기하라는 것이기 때문이다.[22] 따라서 어떤 외적인 것을 한 인격체가 자기 것으로 주장하는 가능성이 근원적으로 입증되었다면,[23] 칸트는 그 다음 이 외적인 것을 취득하는 현실의 조건들을 규명한다. 그리고 여기서 칸트는 외적인 최초의 장악, 취득자의 외적인 특성 및 이 장악에 동의하는 일반의지의 개념을 서로 연결시킨다(매듭을 만든다고도 말할 수 있을 것이다).[24] 하지만 이처럼 너무 갑자기 그리고 너무 중단 없이 (활력적인 동일성에서 이해한) 개개인의 자기존재가 일반의지의 이념으로 넘어간다. 외적 취득에 대한 칸트의 규정이 외적 취득의 가능성과 현실성의 사유적 근거에 대한 근본 통찰을 내포하고 있음은 이론의 여지가 없다. 그렇지만 이 통찰은 어느 정도 사건을 늦추어서 고찰할 때에야 비로소 제대로 평가가 가능하며, 그러나 이때 또 의미의 이동도 경험한다. 그래서 가령 (점유에 대한 가장 단순한 예를 들자면) 어떤 물건에 대한 첫 장악의 부분요소는 결코 세계의 사물에 대한 공간적-시간적 경쟁의 결과물을 보여줌으로써 특징되는 것이 아니고, 더욱이 현재의 완전히 측량되고 분할된 세계에서 신세대의 기본적인 공권 박탈을 의미했던 것은 결코 아니다. 외적인 영역의 소유와 취

---

21 이에 대해서는 가령 Kant, MdS, AB 61 이하 = AA 6, 248 이하. 법에서 변화된 이 관점에 대한 참고문헌은 Zaczyk, "Hat er aber gemordet, so muss er sterben", 241면. 그래서 칸트는 불가피하게 점유론에서 '삶개념을 배제'해야 했다. 이에 대해서는 Brandt, Eigentumstheorien, 181면. 또한 Hinske, Natur und Freiheit, 473면 이하, 479면 이하 참조.

22 이미 제2장 각주 16에서 언급한 칸트의 〈도덕형이상학〉 §2 실천이성의 법적 요청 참조 – 칸트가 행위는 세계 함유성을 드러낼 수 없다는 이 가정의 불가능성에서 증명하는 것은 주목할 만하다. 유사하게 칸트는 이미 〈순수이성비판〉 서문에서 행위 자체의 기정 사실에 대해 궤변을 부리는 오류로부터 실천이성을 지키고자 했다. Kant, KpV, A 5 = AA 5, 3.

23 여기서 중요한 것은 오로지 이 가능성의 근거이다; 범위에 대해, 즉 양적인 규정에 대해서는 여기서 말하지 않았다; 그 밖에도 이 영역에서 타인의 배제에 대한 것 역시 [아직은] 중요하지 않다.

24 Kant, MdS, § 10.

득에서 중요한 것은 법적-실천이성의 발현방식, 즉 실천논리에 관한 것이기 때문에, 그래서 법적-실천이성이 모든 인간의 외적 행위에 내재한다는 것은 칸트에게서는 자명한 것이다. 이 실천논리는 그 근거인 인간의 자기존재로부터 구축되어야 한다. 인간의 존재와 인간의 행위능력, 즉 인간의 삶과[25] 세계의 본질에 대한 진출의 가능성 및 현실성과 필요성은 원래 결부되어 있다. 이 진출이 실행되면, 개개인의 삶과의 시원적인 연결로 인해 그 속에 들어 있는 인간의 자기-실현은 그저 부정되거나 또는 타인에 의해 박탈될 수 없다. 그렇지만 그 진출이 현실화되면 타인과 공유하는 세계의 단일성이 또한 직접적으로 주제가 된다. 이러한 기타의 사유적 요소는 로크에게서 그리고 더 정확하게는 칸트에게서 고찰되었다. 로크는 제 것으로 취득한 것은 누구도 빼앗는 것이 허용되지 않지만, 자기 것의 취득을 위해 모든 타인에게 여전히 충분히 존재하는 이러한 영득가능성을 제한하는 내재적 범주로서는 유효하다고 한다.[26] — 칸트는 이 점을 보다 더 원리적으로 취급했지만, 같은 방향을 지향했다: 개개인이 어떤 외적인 것을 자기 것으로 함으로써 모든 타인에게는 이 외적인 것을 (그 취득자의 동의 없이) 스스로 취득할 수 있는 가능성을 박탈하는 것이다. 따라서 타인과 공유하는 한 세계에 대한 이 모든 진출에는 이의 내적인 사유 내용으로서 — 이념에 의하면 — 모든 타인이 이 취득에 동의한다는 것이 들어 있다.[27] 이미 모든 개개 인간의 행위가능성과 행위현실성에 법의 시작방향이 구상되어 있

---

25 *Kant*, Einleitung, A/B 1 = AA 6, 211 참조: "그의 표상에 따라 행위하는 존재의 능력을 삶이라고 한다." 그 외에도 *Kant*, KpV, Vorrede, A 15, Anm. ** = AA 5, 9 Anm. *.

26 *Locke*, Zwei Abhandlungen, §§ 27 이하.

27 여기서 또 소위 지적 소유권의 특색이 드러난다. 지적 작품의 저자는 세계에 어떤 것을 제공하고, 이른바 정신적 존재를 확장한다. 자기 것으로서의 저작의 승인에서 한편으로는 물질적 소유권에서 보다 훨씬 더 높은 자기 주체성의 존중이 표현되며, 다른 한편으로 저작은 – 인간정신의 표현으로서 – 처음부터 인간과 분리되었다. 저자 사후 70년이 경과하면 저작권이 소멸되는 것에서 두 관점은 적절한 타협을 보는 것이다. .

음이 새로이 드러난다. 그러므로 외적인 점유는 우선 자기관련적인 동시에 세계관련적이긴 하다; 하지만 이는 기본이해에서는 결코 타인에 대해 개인주의적인 방수벽을 대는 사고를 담고 있는 것이 아니라, 오히려 그 반대로 외적인 점유의 현실성과 힘의 적극적 요소로서 개개의 자기에 대해 그 의미의 실정성 속으로 모든 타인을 함께 고려한다. 따라서 점유에 있어서도 상호적인 승인에서 타인과의 자기존재에 관한 것이다.

c)

외적 점유의 이러한 근거지움에 대해 말한 것에 추가되는 세 관점을 간략하게나마 언급해야 할 것이다: 첫째는 이 근거지움과 더불어 점유의 존재 자체를 통해 성취한, 개개인의 생존기간 동안 장래생존에 대한 그의 권리가 나타난다는 것이다. 이 생존권은 세상에서 개개인의 존재로 인한 것이지만, 타인이 의도적으로 결의한 보장이 아니다. 생존권은 이 지점에서는 여전히 자기관련적으로 파악하기는 했으나, 생존권의 미래와 관련하여 이 삶의 유지를 위한 실제 보조금에 대한 권리도 내포하고 있다; 그 외에도 생존권은 타인과 공존하는 공동체 내에서 전개된다.[28] 이렇게 법은 이미 법의 근원에서 실질적으로 토대가 세워졌고, 이와 같이 '사회적인' 법의 사고를 입증하는 것이다.

둘째로, 외적인 점유의 양적 규정은 주관적인 자기결정 하에 있다; 이는 ― 외적인 점유의 질적-형식적 필요성을 넘어서 ― 개개인의 행복과 본질적으로 결부되어 있으며, 금욕적인 삶에서 외적인 재화의 축적까지 이를 수 있고, ― 특히 후자의 경우는 ― 재화의 축적으로 인해 모든 인간들의 할당권에 위반되지 않는 한에서이다.[29]

---

28 이와 결부된 세계의 물질에 대한 할당권은 특히 *Michael Köhler*의 논문에서 집중적으로 전개되었다; 이에 대해서는 뒤의 각주 85 참조.
29 이 관점에서 아주 파렴치한 사건 중의 하나는 세계에서 기아현상이 지속되는데도 기초식품을 가지고 이득을 보려고 투기하는 것이다; 이에 대해서는 [아주 신중한] *Kleinmann*, Preisbildung 참조.

셋째의 다소 상세한 언급은 점유취득의 본질적 방법은 인간의 노동이라는 것과 또 한 번 관련된다. 노동을 '정신화'하는 것은 관념철학의 특징인 것처럼 보인다.[30] 하지만 이는 적절하지 않으며, 지금까지 설명한 바에 의하면 이러한 비방의 오류가 어디에 있는지도 분명히 할 수 있다. 인간의 실천과 더불어 대상화는 세계에서 종합적으로 연결되어 있고, 예지계와 현상계의 대립은 없어졌다. 이것은 노동 (특히 의존적이고 소원의 위험에 가장 강력히 방치된 노동) 개념에도 적용된다. 헤겔은 세상에서의 이러한 의식의 대상화를 가장 뚜렷이 부각시키고 표현하였다.[31]

맑스(Marx)가 어떤 방식으로 관념론의 입장을 이해했는지 뿐 아니라 또 오해했는지, 그리고 현재까지 미치는 결과와 더불어 저하시켰는지는 매우 시사하는 바가 많다. 포이어바허(Feuerbach)에 대한 첫 명제에서[32] 맑스는 유물론은 현실을 오로지 물질로서만 파악하며, 감각적-인간의 활동으로는 파악하지 않는다고 비난했다. 그런데 이것이 바로 실천에 대한 관념철학의 통찰이었음을 인식하지 않고, 맑스는 유물론에 대한 정반대에서 '실제적인 감각 활동'을 모른다고 관념론을 비난하였다. 관념론을 통해 주체의 활동(과 오로지 개개인만이 행위할 수 있다는 것)에 대한 적절한 파악에 문호가 개방되기는 했지만, 그러나 맑스는 이 길을 가지 않고, 서슴없이 주체의 입장을 건너뛰고, 실천을 곧바로 사회적 (집단적) 실천으로 이해한다. 대단한 영향력으로 주체 속에서 노동과 자기존재를 연결하고, 형성된 세계를 어떻게 주체에 의해 의식적으로 만들어진 세계, 즉 자유의 형태로 이해해야 하는지를 파악하게 하는 사고

---

30 이에 대해서는 *Rothe*, Selbstsein und bürgerliche Gesellschaft, 13면 이하와 각주 8 참조.
31 *Hegel*, Philosophie des Rechts, §§ 196 이하 참조.
32 *Marx*, MEW Bd. 3, 5면(원문의 강조부분): "(포이어바하의 유물론을 포함하여) 지금까지의 모든 유물론의 핵심 결함은 대상, 현실, 감각은 오로지 **객체 또는 직관**의 형태로만 파악될 수 있으며, **감각적인 인간의 활동, 실천**으로는 파악될 수 없다는 것, 즉 주관적이 아니라는 것이다. 따라서 **활동적인** 면은 추상적으로 유물론과는 반대로 관념론에 의해 – 관념론은 물론 이러한 것으로서의 현실적이고 감각적인 활동을 모른다 – 발전되었다."
33 여기서 아우슈비츠 수용소 입구에 있는 "노동이 자유롭게 하리라"라는 문장의 냉소도 해명된다. 왜냐하면 이 문장은 진실이지만, 포로수용소나 집단학살수용소에서는 진실이 아니기 때문이다.

를 부인한 것이다.[33]

5. '나의 것'과 '너의 것' 및 인격체의 형태

a)

지금까지 이 연구의 제1장과 제2장에서 얻은 결론에서 인간의 자기존재 형태를 확장하는 진술을 제대로 할 수 있게 된다: 인간이 자의식의 동일성을 오로지 자기존재를 촉진하는 타인의 행위를 통해서만 얻을 수 있는 것처럼, 인간은 또 타인과 외적으로 공존하며 살고 있다. 타인과의 이 공존이 단일한 외적 세계에서 이루어지기 때문에 또 자기 행위에서의 고유한 자기존재의 주장과 타인의 실재하는 자기존재의 불가결한 승인은 직결되어 있다. 나아가 인간의 삶과 결부된 세계의 본질에 대한 이행은 단일한 세계 속으로 행해지기 때문에 각각의 이행은 서로 조화를 이루어야 하고, 서로 좋은 관계를 가져야 한다. 인간의 자기존재 요소에 대한 발전된 통찰은 이렇게 타인과 공존하는 자기존재의 근본규정을 하게하며, 따라서 법적-실천이성의 상호인격적인(= 인격체 서로 간의) 형태로 부를 수 있다.[34] 이로써 법의 근거는 양극이며, 더 이상 분해될 수 없고, 특히 이 양극성에서 창설되는 것이 결코 아니라, 오로지 이렇게 일반적으로 존재한다. 그러므로 법의 근거는, 또 늘 재차 주장되는 것처럼, 결코 인간들 간의 분쟁 같은 것이 아니다. 오히려 분쟁은 관계의 기초가 되고 있는 **실정** 질서의 거부이기 때문에 그래서 이러한 분쟁으로 느껴지는 것이다. 칸트가 표현한 것처럼,[35] 이 질서는 본래 내적이고 외적인 나의 것과 너의 것에 대한 앎을 통해 만들어진다. 하지만 칸트 자신에게서 보다 더 분명하게 내적이고 외적인 나의 것과 너의 것이 통일성을 이룬다는 것을 지적해 두어야

---

34 법적-실천이성이라는 표현에 대해서는 *Kant*, MdS, AB 71 = AA 6, 254, AB 92 = AA 6, 268 참조.
35 *Kant*, MdS, AB 47 = AA 6, 238.
36 각주 35와 동일.

한다. 내적인 나의 것과 너의 것은 "생래적인"[36] 것이며, 외적인 나의 것과 너의 것은 최초로 취득해야만 하는 것이 아니다; 중요한 것은 오히려 그와 동등한 타인과 함께 자의식적이고 동시에 자연적인 인간의 존재이다.

b)

실증된 타인과의 공존에 대한 인식을 실행함으로써 법의 인격체로서의 개개인의 자기헌법에 이르게 된다. 그 결과 모든 인간에게 주어진 유일한 권리도 정의할 수 있다. 칸트는 이를 생래적인 권리라고 표현했다: "자유(타인의 강요적인 자의로부터의 독립성)는, 모든 타인의 자유와 일반법칙에 따라 공존할 수 있는 한, 모든 인간에게 인간이기 때문에 주어진 유일한 근원적인 권리이다."[37] 칸트는 이 권리를 "내적인 나의 것과 너의 것"에 제한하고자 했다. 하지만 이 권리에는 칸트가 이를 (어쨌든 그의 저서 이 부분에서) 인정하고자 했던 것보다 더 많은 것이 들어 있다. 법으로서의 자유에 대한 강요는 외적인 행위에서만 이루어질 수 있지만, 이 행위는 자기에 의해서만 체험되는 것이다. 외적인 행위로서의 이것은 그러므로 그 자체가 전제조건과 결부되어 있으며, 이는 앞의 3과 4에서 보여 주었다. 따라서 이 전제조건은 본질적으로 법의 자유개념 자체에 속한다. 이 전제조건을 내적인 나의 것과 너의 것으로 연결할 때에만 칸트의 표현("독립성")도 표현의 외관상 부정적이기만 한 규정을 잃게 된다. 법개념으로서의 자유는 이를 스스로 의식하는 개개인의 상호행위에서 나타나고, 이들 각자는 모든 타인에 대해 스스로 자기결정적인 삶을 살 권리가 있다.

그러나 이로써 또한 자유가 유일한 인권이라는 것도 말해졌다. 물론 평등과 연대성은 인권에서 필연적으로 도출되는 결론일 뿐이다. 그렇지만 자유로운 존재의 다른 모든 형태들도 다양한 영향에 방치되었으며, 이 영향은 이러

---

37 *Kant*, MdS, AB 45 = AA 6, 237.

한 형태들을 곧 이 지구의 모든 인간들에게 주어진 권리로 제기하는 것을 막는다.[38] 여기서 다시 이 연구의 제1장에서 말한 것을 연관시켜 볼 수 있다; 문화적인 조건은 자기와 법칙의 다양한 위치설정까지 성급한 일반화를 막아준다.[39] 그렇지만 법적인 자유를 ─ 여기서 필자가 하는 것처럼 ─ 삶 자체와 연결시킨다면, 이를 통해 법적 자유는 큰 안전성도 얻게 되며, 그 진리는 쉽게 접근가능하고, 어떻게 법적인 자유가 타인과 함께 의식적인 삶을 형성하는 지도 이해할 수 있다.

6. 법의 첫째 지평

이로써 법원칙의 첫째 지평이 완결되었다. 이 지평 안에서 자기존재는 타인과 공존하는 존재로 해석되는 동시에 스스로를 되찾는다. 사유에 고정된 인간의 이 형태는 보통 자연상태로 묘사되지만,[40] 자연상태에서는 인간과 또 법을 자연적으로 단순화시키는 위험이 있다. 칸트는 이 상태를 사법의 상태라고 불렀으며, 이 상태에서도 권리는 있지만 아직 법관이 존재하지 않기 때문에 이성적으로 필연적이고 따라서 이론의 여지없이 공법의 상태로 반드시 이행해야 한다고 한다.[41] 이는 본 연구에서 설명한 사고과정에 따르면, 인간의 존재 자체와 이미 공동체성의 첫 형태는 연결되어 있으며, 하지만 이 첫 단계에서는(첫째 지평에서는) 주체의 자기 이미지에 더 방향을 맞추고 있는 것으로 쉽게 수정할 수 있다(그리고 칸트를 이렇게 이해해도 될 것이다): 나는 타인과의 관계에서만 나인 것이다. 그러나 인간의 존재는 공동체의 첫 형태이기 때

---

38 *Köhler*, Das angeborene Recht, 63면 참조.
39 이에 대해서는 *Köhler*, Universalität der Menschenrechte, 87면 이하; *Isensee*, Weltpolizei, 426면 이하; *Höffe*, Recht und Moral, 28면 이하; *Kersting*, Wohlgeordnete Freiheit, 208면 이하; *Niebling*, Staatsrecht in der Rechtslehre Kants, 58면 이하.
40 자연상태 개념에 대해서는 *Harzer*, Naturzustand als Denkfigur 참조.
41 *Kant*, MdS, § 42.

문에, 무엇 때문에 인간의 존재가 반드시 둘째 지평으로 이행해야만 하고 개 개인이 이 둘째 지평을 또 이해할 수 있는지에 대한 근거를 스스로 지니고 있 다. 제정된(= 헌법에 근거한) 공동체의 이 지평으로 본 연구는 이제 넘어간다.

III. 제정된 공동체 (사회와 국가)

1. 공동체 설립의 사유적 문제

앞 장의 말미에서 제기한, 어떻게 공동생활의 불가피한 공존을 신뢰할 수 있게[42] 만들 수 있는가라는 문제의 해결책에 대한 모색에서는 먼저 또 다른 특별한 어려움이 생긴다. 루소(Rousseau)는 이 어려움을 짧은 논평에서 지적했다:[43] 이러한 연구는 늘 '사회 속에서' 이루어진다. 공동생활의 이 현존성은 항상 특정 법질서보다 훨씬 많은 것들, 즉 언어, 종교, 문학, 음악 그리고 모두 완전히 역사적으로 형성된 문화와 세계관을 포괄한다는 것을 생각한다면, 어려움은 여실히 드러난다: 이 책의 제1장과 제2장의 도입부문에서 했던 것처럼 개개인의 자기존재를 고립된 방식으로 고찰하는 것이 일반적으로 타당할 수 있는가, 아니면 오히려 공동체의 현존성에서 시작하고 공동체에서 자기의 그림을 찾고 이를 또 결국 공동체에 위임하는 것이 더 필요한가?

이러한 대조에서 공동체에 관한 구상의 문제를 본다면, 단순한 형태로 표현하여, 해결책에 대한 세 가지 가능성이 나타난다: 첫째 가능성은 근원과 최초로서 공동체를 선택하고, 말하자면 이 공동체로부터 자기존재를 평가하는 것이다. 둘째 가능성은 주체성에서부터 공동체를 구축하는 것이다; 주체성은 아주 일반적으로 공동체의 계약구상으로도 표현할 수 있다. 셋째의 가능성은 공동체를 주체로부터 도출하거나 또는 주체를 공동체로부터 도출하지 않

---

[42] '신뢰할 수 있게'는 여기서 결코 외적인 안전(타인의 침해에 대한 안전)만이 아니고, 무엇보다도 법적으로-승인된 자기 인격체의 존재에 대한 내적 확신, 즉 이 존재의 한계에 대한 앎과 동시에 타인의 인격성을 나타낸다.

[43] *Rousseau*, Ursprung der Ungleichheit, 183면. – 또한 *Gaul*, Freiheit ohne Recht, 128면 이하, 142면 이하 참조. 이 외에도 *Rothe*, Selbstsein und bürgerliche Gesellschaft, 49면 이하.

고, 이미 자기존재를 주체들의 **상호관계**로 규정하고, 제정된(= 헌법에 근거한) 공동체에서 주체성을 더 확장하는 자유의 현존형태를 보는 것이다. 이 셋째 구상에 본 연구의 숙고가 연결되어 있다. 이 구상에 대한 보다 나은 이해를 위해 처음의 두 가능성은 사유적으로 좀 더 정확히 규정해야 한다. 이는 또 강력하게 현재의 사회 및 법에 대한 사고의 토대가 되며, '법이란 무엇인가?'라는 물음에 대한 대답을 첫눈에 파악될 수 있는 것보다 더 강한 정도에서 외관상 유일한 대안으로 규정하기 때문에 그래서 필요하다.

2. 첫째의 해결방법: 전제한 통일체로서의 공동체

공동체의 근원성에 대한 첫째의 입장은 서구 사상에서 시간적으로 훨씬 더 멀리 거슬러 올라가고, 또 동양의 사상과도 일맥상통한다.[44] 세부적으로는 약간의 차이가 있지만, 공동체의 모습을 추론할 수 있는 것으로는 예를 들어 플라톤의 〈국가론〉에 나오는 대화와 아리스토텔레스의 〈정치학〉을 들 수 있다. '정의론'이라고도 이름 붙일 수 있는 플라톤의 원전은 공동체의 모습을 전제한 국가의 전체에서 찾고 있음을 보다 더 분명히 알 수 있으며,[45] 사유 속에서 국가의 원형을 그리고 있다. 이러한 전제된 질서 속에 인간의 각양각색의 재능이 어울리게 된다. 아리스토텔레스에게 국가는 "본질상 당연한 형태"이다;[46] 인간의 열망은 이 전체 속에서의 삶으로 향해 있고, 이 전체 속에서 설계될 수 없으면 불완전하다. 그래서 국가는 또 개개인보다도 더 근원적인 것이며, 왜냐하면 전체는 개개인의 부분들보다 더 근원적인 것이기 때문이다.[47] 하지만 플라톤뿐 아니라, 아리스토텔레스에게서도 국가전체가 개개인을 지배

---

44 다양한 관계에 대해서는 *Jeck*, Platonica orientalia, passim 참조.
45 *Platon*, Politeia, 368 a – 369 b.
46 *Aristoteles*, Politik, Buch I, 1253 a.
47 *Aristoteles*, Politik, Buch I, 1253 a.

한다고 주장하는 것은 그들의 사유를 단순화하는 것이 될 것이다. 이는 플라톤의 경우 특히 그가 국가에서의 정의의 형태를 인간 영혼의 정의에서 모사된 것으로 보는데서 분명해진다.[48] 그리고 아리스토텔레스의 〈대도덕학(Magna Moralia)〉[49] 시작 부분에는 '윤리는 국가학의 일부'라고 하는 규정이 있다.[50] 이 국가사고에서 중요한 것은 개개인과 공동체의 내적인 통일성이며, 그러니까 따로 떨어져 분리된 존재로서 생각한 개개인은 인간으로서의 자기 삶의 의미를 놓친다는 것이다.[51]

공동체의 본질이 포기되고, 공동체가 오로지 개개인을 지배하기 위한 근거로서 이용될 때 이렇게 생각한 공동체의 근원성이 어떻게 본래의 특성을 잃게 되는지를 알고자 한다면, 이 전제된 통일성을 꼭 유념해야 한다. 예를 들어 니클라스 루만(Niklas Luhmann)의 법이론[52]이나 한스 켈젠(Hans Kelsen)의 규범이론[53]에서 볼 수 있는 법의 현대적 기능주의는 이러한 잘못된 전개의 가장 냉혹한 형태를 보여준다: 사회 또는 '당위'가 제1순위가 됨으로써 별 사정없이 규범설정을 위한 권능이 도출되는 것처럼 보인다; 인격은 전제된 전체의 산물로 되는 것이다.

3. 둘째의 해결방법: 공동체의 계약적인 설립

고대 국가사고가 전제한 시민과 국가 간의 통일성에 대항하여 서구사고에서는 둘째의 기본사고가 주장되었으며, 이는 정신사적으로 기독교를 통해 확

---

48 *Platon*, Politeia, Buch Ⅳ, 434 c – 436 a.
49 텍스트 저작자의 문제에 대해서는 (*Aristoteles*, Werke Bd. 8에 있는) *Dirlmeiner*, Einleitung, 118-146면 참조.
50 *Aristoteles*, Magna Moralia, Buch I, 1181 a / 1181 b.
51 그러나 염두에 두어야 할 것은 '개개인'은 여기서 이미 국가의 시민으로 생각되었다는 것이다; 노예의 존재는 (*Aristoteles*, Politik, Buch I, 1253 b – 1255 b 참조) 받아들여졌다.
52 *Luhmann*, Recht der Gesellschaft, 예컨대 154면 이하, 496면 이하 참조.
53 *Kelsen*, Reine Rechtslehre, 31면 이하, 196면 이하 참조.

증되었다; 헤겔은 그의 법철학에서 주관성의 그리스의 인륜성 속으로 "밀고 들어오는 더 심오한 원리"[54]에 관하여 말하고 있다. 이 입장은 개개 인간과 전체의 차이성을 전제하며, 원래 이 관계는 여전히 인간 및 신의 관계와 관련된 것이었다. 이 사고가 공동체의 이론으로 되고, 개개인과 국가의 관계에 대한 새로운 이해를 가능케 하는 데는 수 백 년의 정신적 작업이 필요했다. 주시방향은 바뀌었다; 국가는 주관성에서 생기며, 국가의 존재는 주관성의 동의에 힘입고 있다. 초기에는 홉스의 저작이 있고,[55] 그 전개는 로크[56]와 루소[57]에서, 부분적으로는 또 칸트에게서 이어졌다;[58] 어쨌든 모델로서 이 전개는 현재까지도 계속되고 있다.[59] 이 입장에서 개개인의 자기존재는 공동체에 대한 의사행위를 통해 타인의 자기존재와 연결된다; 그래서 이 이론을 계약이론이라고 부른다. 공동체의 형태는 여전히 가변적이지만, 근본적으로는 공동체의 토대가 되는 주체의 이해에 의해 좌우된다. 예컨대 홉스와 로크의 차이는 이를 분명히 보여준다.[60] 그럼에도 불구하고 이 모델만이 개개인의 자유에 대한 근대의 상상과 부합하는 듯하며, 개개인이 속하는 질서 속에서 그의 독립성이 상실되는 것을 막아 주는 듯하다.

하지만 이 인상은 착각이다. 계약이론들은 모두 하나가 다른 것으로 축소되지 않고, 개개인과 공동체를 유효하고 지속적으로 연결하는 어려움과 분투하고 있다. 개개인은 스스로를 보존하기에는 너무 허약한 것으로 묘사된다(홉스와 또 루소의 경우[61]): 이때 공동체는 본질적으로 자연목적, 즉 생명유지에

---

54 *Hegel*, Philosophie des Rechts, Vorrede, 24면.
55 *Hobbes*, Leviathan, Einleitung, 5면 이하와 § 17.
56 *Locke*, Zwei Abhandlungen, 특히 8. Kap.(§§ 95).
57 *Rousseau*, Gesellschaftsvertrag과 Ursprung der Ungleichheit, 165면 이하, 230면 이하 참조.
58 *Kant*, Zum ewigen Frieden, BA 20 = AA 8, 350("최초의 계약 이념"); 동저자, MdS, § 52 이하 = AA 6, 338 이하; 그러나 뒤의 4도 참조.
59 예컨대 *Rawls*, Theorie der Gerechtigkeit, 140면 이하, 493면 이하 참조; 또한 *Kersting*, Philosophie des Gesellschaftsvertrags, 259면 이하도 참조.
60 *Hobbes*, Leviathan, Teil 2, § 17 참조; *Locke*, Zwei Abhandlungen, §§ 6 이하.
61 *Hobbes*에 대해서는 Leviathan, § 13 참조; *Rousseau*에 대해서는 Gesellschaftsvertrag, Kapiel 6.

근거를 두며, 독자적인 의식에 비해 자연 필연적으로 우선순위가 되는 것이다. 아니면 개개인은 모든 사회에 앞서, 타인과 공존하는 공동체가 명민한 의사결정의 단순한 산물로 되는 것으로 매우 강하게 묘사되고 있다(예를 들어 로크의 경우[62]): 이와 함께 제정된 공동체는 원칙상 언제든지 해약 가능하기 때문에 허약하다.

계약이론의 특별한 오류형태는 현대에 전개되었다: 이에 의하면 법 자체는 계약의 대상이라고 한다.[63] 하지만 이는 '사회계약'을 통해 (일반규칙으로서의) 법제정 권능이 근거지워지지만, 법은 이러한 계약의 대상이 아니며, 일종의 협상대상이나 교환목적물 같은 것으로 간주해서는 더더욱 안 된다는 것을 오인하는 것이다. 이와 같은 학설은 계약모델의 또 다른 약점을 나타낸다.

이미 본 연구의 제1장에서 행한 자율성의 규정은 공동체의 계약이론규정이 인간의 자기존재를 제한적으로만 수용하고 있음을 보여준다. 계약으로 할 수 있는 것보다 개개인과 공동체 간의 더 심도 있는 연결이 필요하다.

4. 인격체들의 통일성과 차이성의 형태로서의 법공동체

a)

개개인과 국가 간의 이러한 보다 심도 있는 연결을 가능케 하는 사고는 칸트에게서 나타난다. 칸트 역시 개개인을 국가전체로 연결하는 최초의 계약에 대해 먼저 말하고 있다.[64] 그러나 여기서 칸트가 말하는 것의 의미는 "계약"이라는 개념보다 부사 "최초의"에 더 주목해야 한다. 왜냐하면 칸트는 이 계

---

62 *Locke*, Zwei Abhandlungen, § 7: 개개인은 자연상태에서 더욱이 타인에 대해 형법도 있다.
63 예컨대 *Buchanan*, Grenzen der Freiheit, 1984, 특히 76면 이하 참조. 이 책의 부제목(Zwischen Anarchie und Leviathan, 무정부와 리바이어든 사이)은 여기서 소개한 것과의 관계에서 이 사고의 장소를 매우 정확히 재현하고 있다. 비판적으로는 *Koslowski*, Ethik des Kapitalismus, 그는 여기서 "자본주의의 형이상학"이 개진되고, 어떻게 보충되든, 그것도 나쁜 형이상학이 개진된다고 적절히 지적하고 있다.
64 각주 58에 있는 문헌 참조.

약을 개인의사의 결합(이며, 이 결합이 또 역사적으로 특정한 순간에 일어나야만 하는 것)으로 생각하지 않고,[65] 실천이성이 법적-실천이성인 한 실천이성의 원형으로 생각하기 때문이다. 이러한 것으로서의 실천이성은 항상 한 사람과 타인의 연결을 내포하고 있다. 존재하는 공동체는 늘 인간들 상호 간에 파악된 자기존재의 표명으로 이해해야 하며, 이러한 원형에서 어느 정도로 자기존재와 공동체를 한 관계 속에 형성할 것인가에 대해 판단할 수 있다. 칸트에 의하면 이로써 또 제정된 공동체의 문제에서 한 사고가 계속되며, 이 사고는 벌써 법에서 인간의 근본구상을 말해준다: 그래서 이 구상에서 자기존재는 항상 타인을 지시하기 때문에 법원칙이 본래 양자의 공존을 사유내용으로 하듯, 그렇게 공동체의 구성에서도 법원칙은 내용적으로 유효해야 하기 때문에 결코 공동체에 대한 부차적인 규범질서만은 아닌 것이다. 법은 실천이성의 개념이며, 이 개념에는 통일성과 차이성이 항상 내포되어 있다. 또 영역으로서 '나의 것'과 '너의 것'을 분리시킨다면, 서로 분리된 개념으로서의 이 영역에는 분석도 종합도, 차이성도 접합점도 없다. 오히려 이 개념과 더불어 동시에 타인도 말해졌다; 이러한 관계의 양 초점은 서로 뒤섞여 용해되지 않는다.[66] 이 사고와 함께 타인과 공존하는 공동체는 개인의 존재 자체와 같이 동근원적으로 존재한다는 것이 드러난다: 따라서 모든 공동체성이 의사행위를 통해 최초로 창설된 것이라고 이해하는 것은 불완전하게 파악된 것이다.[67]

b)

그러므로 개개인이 이와 같이 늘 존재하고 있는 공동체 속에 산다는 것은 개개인에 대한 공동체의 (또는 공동체에 대한 개개인의) 관계에 관한 숙고를

---

65 *Kant*, MdS, § 52 참조.
66 인도 게르만어 숫자 '둘(Zwei)'의 명칭은 '너'라는 어간에서 나온다; *Benfey*, Das Indogermanische Thema des Zahlworts 'Zwei' ist du 참조.
67 공동체가 사라지는 것, 공동체를 떠날 수 있는 것은, 피히테가 그의 〈자연법의 기초〉 한 곳에서 오류를 범한 것처럼(Werke III, 10면), 법을 단순히 기술적-실천적인 문제로 묘사하지 않도록 구별해주는 사실 중의 하나이다; 이에 대해서는 또 *Zaczyk*, Anerkennung 참조.

배제하는 것도 아니고, 공동체에 대해 개개인의 자기존재력을 (굳이 또 표현하자면: 자기고집을) 위치짓는 것을 불가능하게 하는 것도 아니다. 왜냐하면 개개인은 공동체에 대한 관계를 성찰할 능력이 있는 것처럼, 공동체에 대해 자기존재의 의미를 성찰하는 능력도 있기 때문이다. 법에 대한 이러한 구상과 함께 모든 자기존재와 연결된 공동체성이 비로소 확고히 사유됨으로써 앎으로 고양된다. 하지만 이 앎은 특별하다: 이는 인간의 세계에 대해 이론적으로-거리를 둔 통찰이 아니다. 오히려 이 앎은 지양될 수 없는 개개 의식의 관점에서 나오며, 이 관점 자체는 앎에서 명확해지기는 하지만 용해될 수 없는, 의식에 의해 파악된 관계에 연루되어 있다. 이를 사회적 앎의 해석학적 원이라고도 말할 수 있지만, 이 원은 그러나 모든 인간의 자기존재와 함께 회전의 소용돌이에서 소멸되지 않는 구심점이 있다. 이 앎의 근거와 목표는 실천논리이며, 이는 모든 행위실행의 토대가 되고, 이를 통해 실천논리는 인간의 삶 및 삶의 항상성과 결부되어 있다. 이 때문에 또 어느 누구도 실천논리로부터 궤변을 부리고, 자칭 거리를 두어 '관찰자 관점'을 법의 전체로 수용할 수 없는 것이다.[68]

따라서 공동체헌법의 이해에 대한 결정적 과제는 여느 때와 마찬가지 형태로 그 성립의 증명에 있지 않다: 이렇게 하면 공동체는 단지 정적이고 설계된 형상으로만 파악될 것이다: 또한 대부분 시간상 초기에는 적지 않은 공동체들이 단순한 폭력행위로 있다고만 할 것이다. 즉 중요한 것은 창설이 아니라, 사유적인 근거지움 그리고 제정된(= 헌법에 기초한) 공동체의 구체적인 형태와 이 근거지움의 연결이다.[69] 제정된 공동체의 원형은 확정되어 있다: 그것은 바로 자기와 동등한 타인과 공존하는 존재로서의 자기존재를 조화시키는 것이

---

68 이 지점에서 단지 규범위반으로만 이해되는 불법이(이것은 본 연구에서는 독자적으로 다루지 않는다), 왜 제대로 규정되지 않은 것인지를 지적해 둘 수 있다. 법은 삶을 공동체에서 적극적으로 형성하기 때문에 불법은 (다양한 질을 내보일 수 있다, *Hegel*, Philosophie des Rechts, §§ 84-103) 이성적인 현존재의 장애이다.
69 이에 대해서는 또 *Suhr*, Bewusstseinsverfassung, 288면 이하.

다. 인간존엄은 이 과제의 근거이며, 유일한 인권은 인간존엄을 인도하는 지표이다; 그리고 법적-실천이성이 행해야 하는 사유적인 작업을 가능케 한다.

c)

이때 법의 영역에서 헌법의 개요를 구축할 수 있기 위해서는 일반성을 생각하는 어려움을 항상 염두에 두어야 한다. 어려움은 일반성의 형태 자체에 있다. 이는 인간들의 공동체와 관련하여 개개인들 수의 단순한 합계로 이해하는 식으로 파악될 수는 없다. 일반성은 또 단순히 경험상 체험 가능한 것으로 파악될 수도 없다(명령의 피라미드식 존재와 굳은 암석으로서의 제도; 권력의 휘장이 달린 제복을 입은 공무원). 이러한 성질의 모든 노력은 흥미로운 정보와 통계는 제공하겠지만, 일반성의 원래 차원은 놓치게 된다. 자신의 실천을 통해 행한 자기성찰의 기본-걸음, 자기성찰의 가능성에 대한 조건과 현실의 형태에 대한 파악이 비로소 존재의 공동체성 또는 일반성에 대한 통찰의 길을 열어 준다. 길은 주체로부터 나오지만, 이는 단지 외견상으로만 주체를 포괄하는 일반성의 가정에 대한 모순이다. 왜냐하면 주체는, 보여준 바와 같이, 오로지 주체들의 상호관계로 구성된 것으로만 생각할 수 있기 때문이다. 따라서 주체에서 나오는, 타인과 공존하는 일반적 맥락에 대한 통찰은 현실에서 일반성의 설명이며, 이 일반성의 근거를 주체는 늘 스스로 지니고 있다. 일반성이 정신의 실제로서만 현존성을 가지는 것처럼, 이는 또 일반성에 적합한 사고를 통해서만 경험가능하다. 따라서 일반성 고유의 개념적인 전력으로 헤겔은 법을 적절히 "객관정신"이라고 칭했다.[70] 법이 이렇게 사유에서 파악되면, 법은 이에 상응하는 방식으로 체험되고 형성될 수 있다. 제도와 이를 위해 행위하는 개인들(오로지 개인들만 행위할 수 있다) 그리고 이들이 따르는 행위의 원칙은 명료하고 분명해진다. 이 점에서 정신의 차원이 효력을 발휘하게 되며,

---

[70] *Hegel*, Enzyklopädie, §§ 483 이하, 특히 § 486 참조.

이는 항상 유한성과 경험 너머에 있다. 정신의 차원은 토대에서는 '법칙'과 '자기'의 관계가 그렇지 않고는 어떻게 규정되는지에 구애받지 않는다. ─ 이러한 특별한 성질의 앎과 이 앎의 행위로의 실행을 통해 인간의 공동체는 파악되고 제정되는 것이다.

5. 제정된 공동체의 법적-재료

제정된 공동체는 ─ 그리고 여기서는 오로지 법적인 제정성만 다루기로 한다 ─ 행위의 세계함유성을 토대로 대상을 가지고, 이는 가장 먼저 설명되어야 하고 다양한 요소들을 제시하고 있다.

a)

자기존재의 구체적인 형성에 있어 법의 첫째 지평에서 직접 이해되고 묘사한 인간의 자기존재는 공동체에서 보편타당하게 됨으로써 개개인과 타인에게 확실해진다. 여기서 중요한 것은 우선 인격체의 근본적인 현존을 위한 권리들이다(육체적인 생존과 유한한 현존재의 조건들에 대한 관여).[71] 행위를 통해 매개되고 따라서 이러한 토대에서 더 부각시켜, 논의되는 공동체 속에서 자기존재가 고안되면 될수록 더, 이로부터 자기존재의 여러 가지 가능한 구상이 주장되고 분명해진다. 왜냐하면 법에서도 이때 '법칙'과 '자기'는 서로 유동적이며, 이에 따라 ─ 특히 관여자들의 의식을 통해 확증된 ─ 자기의 개별적인 형태들을 내보이기 때문이다. 이는 법적인 자유를 모두 개인의 독립성으로 이해하는 이미 서구적으로 각인된 세계에서도 전적으로 나타나고 있다. 하

---

[71] 그러므로 공동체의 결합에서 도출되는, 개개인에게서 생명을 앗아가는 법은 존재할 수가 없다. 그럼에도 불구하고 이러한 법을 주장하는 공동체는 이 점에서 법적으로 이해한 인간성의 낮은 수준에 있다. 이것은 여전히 사형을 실행하고 있는 모든 나라에 적용된다. 유사한 오류가 독일에서는 영공안전법(Luftsicherheitsgesetz) 제14조 제3항에서 비행기 승객에게 발사되어도 된다고 했을 때 연방헌법재판소에 의해 방지되었다(BVerfGE 115, 151면 이하 참조).

지만 기본-권리들의 근본 영역을 벗어나자마자 차이점이 드러난다: 미국인의 자기 이미지는 ― 피상적으로가 아니더라도 ― 유럽인과 다르며, (예를 들어) 독일인과 프랑스인 간에도 자기 이미지에서 이 차이가 있다.[72] 차이는 경계를 정하는 개인의 자립성을 자신들의 법이해에 대한 토대로 삼지 않는 아프리카[73]나 아시아의 법문화에서는 더 커진다. 이 차이를 단순히 민속학으로 간주하는 것은 큰 오류이며, 이는 소위 '글로벌 플레이어'의 협소한 관점 탓이다. 이렇게 주장되는 차이성에 대한 지적은 사소한 것도 아니고, (형벌을 중대하게 오해할 때 이렇게 오해한 것의 폭력적인 저항까지) 쉽게 무시할 수 있는 것도 아니다. 이 지적은 한 공동체에서 정의의 구체적인 형태에 관한 상상에까지 영향을 미친다.[74] 이로써 결코 원칙적인 상대주의를 변호하는 것이 아니며, 한 법공동체의 현재 상태가 모든 시대를 위해 확정하고자 하는 것도 아니라는 것은 이미 지적했었다. 그러나 개개인의 삶(이 삶)과 결부된 법의 의미에 대한 통찰에서 법형태의 변화는 삶의 형태의 변화라는 것이 도출된다; 그래서 공허한 모토로써 이 변화는 자기 문화는 물론이고, 타문화에는 더더욱 강요될 수 없는 것이다.[75]

b)

공동체의 구체적 형태의 둘째 요소는 인간의 행위형태를 자율적인 행위까지 여기서 전개한 이해에서 공동체의 삶의 조건 전체와 연결하면 명백해진

---

72 한스 게오르그 가다머(Hans-Georg Gadamer)와 같이 대화를 좋아하는 철학자가 장 폴 사르트르(Jean Paul Sartre)에 관한 학회를 계기로 다음 문장을 쓸 때는 한 번 생각해 보아야 한다: "나는 독일인의 입장에서 프랑스 철학자의 사고를 이해하는 것이 얼마나 어려운 것인지 보여주고 싶고, 역으로 입장을 바꾸어 생각해도 얼마나 어려운 일인지 ― 이에 대해서는 겸손으로 잘 말하지 않는다"(Das Sein und das Nichts, 37면). 정신이 덧 없는 어떤 것이라고 착오하지 않는다면, 이 차이성이 삶의 형태에까지 어떤 방법으로 영향을 미치는지를 알 수 있다.

73 이 차이성에 대한 예로는 Cobbah, African Values, 309면 이하 참조. 이에 대해서는 Zaczyk, Wie ist es möglich, ein Menschenrecht zu begründen? 259면 이하, 263면 이하 참조.

74 그러므로 예컨대 형사소송에서 양형에 대한 거래를 차단하는 가능성은 미국에서는 독일과는 완전히 다른 법문화적인 배경에서 기인한다; 이 가능성을 2009년 독일에서 입법적으로 도입한 것은(독일 형사소송법 제 257c조), 독일 형사소송법을 총체적으로 변화시키는 것이다.

75 여기서 자유의 균형점 방향으로의 부단한 향상은 공동체에서 오로지 개혁에 대한 ― 합의된 ― 방법으로 일어나야지, 결코 폭력적으로 일어나서는 안 된다는 칸트의 견해에 대한 타당성도 입증된다. 예컨대 Kant, Zum ewigen Frieden, B 79/A 74, Anm. * = AA 8, 373 , Anm. *

다; 법과 삶은, 구체적으로 생각하면, 이 연결을 필요로 한다. 이미 몽테스키외 (Montesquieu)도 어떻게 자연적 요건들까지 삶의 조건들이 법률의 내용에 영향을 미치는지에 대해 지적했었다.[76] 이는 이제 (물론 제한적으로 파악하는 것이라고 말해야겠지만) '이성법적 관점'에서 이 외적인 조건들을 경험의 우연한 소여로 간주하고 법의 원리적인 고찰을 위해 중요하지 않은 것으로 경시하는 것이 통례가 되었다.[77] 여기서 중요한 것은 이 조건들에 독자적인 근거지움의 능력을 지정함으로써 당위를 존재로 경감시키고자 하는 것이 아니다. 중요한 것은 오히려 법에서의 인간을 추상적 개념이 아닌, 살아서 행위하는 인격체로 이해하고 법과 삶은 항상 내적인 연결이 있음을 거듭 분명히 하는 것이다. 그렇게 해서 또한 실정적인 (칸트에 의하면: 정관적인)[78] 법의 매우 본질적 의미가 삶의 현실을 수용하는 법철학을 위해 다양한 세계의 부분들에서 실정법 형태의 차이를 포함하여 도출된다.[79]

한 공동체의 법적 제정을 구체화하는데 있어 특히 중요한 요인은 공동체가 살고 있는 나라이다. 점거 자체는 (효력행위로 보아) 그 외적인 실행만으로 이 나라에 살 권리가 발생할 수 있는 권원 같은 것이 결코 아니다.[80] 하지만 존재하는 공동체를 위해 공동체가 살고 있는 나라는 공동체의 현존의 본질적 구성요소이며, (이미 개개인의 능력을 통해서가 아니라) 공동체를 통해 전체적으

---

76 *Montesquieu*, Geist der Gesetze, 예컨대 19. 와 20. Buch.
77 법사고의 영역에서 제한된 이성의 극단은 한스 켈젠(*Hans Kelsen*)의 〈순수법론〉이 보여준다. 켈젠은 법에 대한 앎을 우선 존재학의 기본원칙 하에 두고 존재를 기본적으로 당위와 분리시킴으로써, 당위는 현실과의 맥락을 잃고 강제를 통해 비로소 다시 현실과 연결되고 있다(Reine Rechtslehre, 34면 이하). 그렇게 되면 법적 당위의 최종 근거는 형태, 연원 및 효력에 따라 모호한 근본규범이다. 켈젠은 이 근본규범을 헌법 그리고 이로써 제정된 모든 법의 선험-논리적 전제요건이라고 칭한다(Reine Rechtslehre, 204면 이하). 켈젠 자신도 인정하듯이(205면), 그가 여기서 당위의 명제(규범)에 칸트의 인식론 개념을 사용한 것은 이 법론의 많은 기묘한 일들과 모순에 해당한다. 그래서 법은 결국 권력과 융합되고, 켈젠은 계몽주의자 홉스 이전으로 전락한다 - 신칸트주의의 법적으로 단순화된 쓰라린 급소. - 물론 역사적 관점에서는 켈젠에게 빈 그릇으로서의 법학을 20세기의 비천함과 역경을 통해 균형을 잡았다는 공로를 인정할 수 있다. 그래서 법학은 살아남을 수는 있었지만, 이렇게 머물러 있어서는 안 된다.
78 *Kant*, MdS, Einleitung der Rechtslehre, AB 44 = AA 6, 237.
79 이에 대해서도 역시 *Kant*, Einleitung in die Metaphysik der Sitten, § B 참조: 지침으로서의 실정법률.
80 적어도 이 지점에서 오해하고 있는 것은 *Carl Schmitt*, Nomos der Erde, 50면 이하.

로 비로소 견고해지고 그렇게 해서 또 이 경계 내에서 펼쳐지는 근원적인 권리를 공동체에게 부여하는 것이다. 이 관점에서 대지의 노모스라고 말할 수 있으며, 이 개념에는 앞서 말한 "배분과 방목(Teilen und Weiden)"이 또 내포되어 있다.[81] 이는 당연히 한 공동체만이 아니라, 모든 공동체에게 적용되는 것이고, 나아가 법의 요소이지 폭력의 요소가 아니기 때문에, 측량된 세계에서 무법적인 점거는 배제된다. 그럼에도 불구하고 무법적인 점거가 발생한다면, 이는 점령한 나라뿐 아니라 세계평화를 위태롭게 하는 것이다.[82] 미리 말해 두자면, 여기서도 지구의 둥근 구 형태에 대한 성질은 제정된 공동체(국가)의 관계를 각인시킨다.

c)

공동체에 살고 있는 인간들의 행위형태와 함께 언급한 공동체의 내용적 요소들은 활력을 발휘하며 상호적으로 연루되고, 이는 그 자체로 최초의 일반성으로 이해될 수 있다. 헤겔은 이를 그의 자유의 체계 속에 배열하여 시민사회라고 칭했다;[83] 개념을 — 가치척도로 사용하여 — 오해하지 않도록 하기 위해 단체라고 하는 것이 더 나을지도 모른다. 항상 구체적인 공동체의 (결코 물질적으로만 이해하지 않는) 모든 풍요로움은 상호적인 행위형태에서 펼쳐진다. 이 공동체 속에서 "욕구의 체계"[84]도 중요한 의미를 가진다. 단체 속에 편입되어 있음은 개개인의 법지위를 한 번 더 확장시키고, 개개인에게 이제 공동으로 생산한 재화에 대한 참여권을 생기게 한다.[85] 이 근본적인 참여권은 공

---

81 *Carl Schmitt*, Nomos der Erde, 188면 이하. 슈미트의 이 책 서문 말미에 있는 두 문장 참조, 3면(중간의 5,5를 포함하여): "이는 지구가 약속한 평화를 이루는 자들이다. 새로운 대지의 노모스에 대한 사고 또한 이들에게서 추론되어진다."

82 이 책을 집필하는 현 시점에서 한 예를 들어 설명해보면: 이스라엘과 팔레스타인의 분쟁이 양자에게 조화로운 방식으로 해결되지 않는 한 세계평화는 없을 것이다.

83 *Hegel*, Philosophie des Rechts, §§ 182 이하 참조.

84 *Hegel*, Philosophie des Rechts, §§ 189 이하.

85 특히 미하엘 쾰러(*Michael Köhler*)의 논문들은 이 사고를 매우 정확하게 논증했기 때문에, 이에 대한 자세한 논증과정은 그의 논문을 참조해 볼 수 있다. 해당 논문은 다음과 같다: Iustitia distributiva, 457면 이하; Das angeborene Recht, 61면 이하; Ursprünglicher Gesamtbesitz, 247면 이하; Freiheitliches Rechtsprinzip, 103면 이하; Das ursprüngliche Recht, 315면 이하; Kants Begriff des ursprünglichen Erwerbs, 19면 이하.

동체의 재산 자체를 공동생산하는 개개인의 고유한 능력에 달려 있는 것이 아니라, 오로지 그의 존재로 인해, 즉 그가 이러한 공동체에 태어났다는 사실로 인해 부여된 것이다. 이 자체만으로 개개인은 모든 타인에 대해 생존유지권과 생존보장권이 있다. 그러나 이 권리는 또 생존유지와 생존보장에만 국한되지 않는다. 이것은 결코 모든 재화의 동등한 분배와 관련되는 것이 아니다; 노동과 성과의 불평등한 배치는 토대에서부터 필연적이고 정당하게 재화의 내구성에서 차이가 생기도록 한다.

6. 공동체의 법적-형식 (헌법과 국가)

공동체의 법적-내용은 이 글에서는 늘 '법적으로' 파악되어야 했으며, 왜냐하면 이 속에서 인간들 간의 관계로 이해해야 하는 자기존재는 타인과의 상호활동에서 법적-실천이성을 현실화하기 때문이다. 단체의 활력으로 옮겨지고 확장된 공동체는 (필연적으로) 그 공동체 구성원들에 의해 그들의 것으로써 우선 내부적으로 통일체로 생각되고 행위로 나타날 때에 통합되는 것이다. 이것이 공동체의 헌법으로 가는 기본-걸음이며, 이와 함께 공동체의 법적-실질적 연결은 법형태로 전환되게 된다. 그러므로 한 공동체는 헌법을 스스로 만들어야 한다.[86] 이때 그것이 생겨난 형태들은 확정되지 않았다. 그래서 영국에는 성문헌법이 없고, 독일은 상세한 기본법을 가지고 있으며, 미국은 그들의 국가생활을 소수의 조문에서 구축하고 있다. 중요한 것은 오로지 한 공동체가 법적 통일체로서 이해되고 그렇게 해서 어떤 지위를 얻는다는 것이다.

헤겔은 여전히 '시민사회'의 활력에 근접해서 연결된 통일체 형성을 '긴급

---

[86] 유럽의 국민들을 간과하고, 본문에서 언급한 토대가 결여된 헌법을 유럽에 만들려는 소위 정치 엘리트들의 시도는 따라서 반드시 좌초될 수 밖에 없었다.

국가와 오성국가'의 개념 하에 통합하였다. 국가개념을 통일체 형성의 이러한 형태로 축소시킨다면, 헤겔에게서 국가개념은 아직 여기서는 제대로 규정되지 않았음을 말해야 한다. 그렇지만 어쨌든 헤겔도 '국가' 개념의 이러한 복잡성을 인정했으며, 자유 국가론에 대한 성과를 과소평가해서는 안 된다. 왜냐하면 이렇게 해서 관계의 다양성을 통해 차이성에 대한 시야가 열리며, 이 차이성은 지구상에 있는 공동체의 다양성에서 국가의 삶을 영위하는 경험적인 가능성과도 부합하기 때문이다. 내적이고 외적인 국가법에서 헤겔이 개별국가에 인정하는 총체성은[87] 아마도 모든 국가의 공동체 속에서 발견될 수 있을 것이다. '긴급국가와 오성국가'는 자신의 현존권능이 있다; 이러한 국가는 개개인 스스로의 존재와 직결되며, 삶은 개개인의 자기 필요성이 있고, 자기와 동등한 타인과 공존하는 이 삶을 정돈된 관계에서 영위하고자 하는 것이 분명 인간의 하찮은 능력을 보여주는 것이 아님을 승인하는 것이다.

7. 법관의 의미

a)

인격체들과 이들 각자 권리들의 규정 간의 법적 경계의 엄밀한 관계규정은 근대 유럽전통에 따르면 전체로서 제정되고 그 권력들을 분리시킨 국가가 한다. 칸트는 권력과 권력들의 맥락을 개개인의 실천이성에서 유추하여 구상함으로써 권력들(오히려 법적인 권력들이라고 칭해야 할 것이다)의 이 분립을 개개인의 자기결정과 더 밀접하게 연결시켰다: 정언명령에서 준칙이 발견되고 보편타당한 것으로 됨으로써 실제 행위를 위한 결론이 추론되는 것처럼 그렇게 국가에서 삼권은 법의 실현을 위해 협력한다: 입법부는 일반법률에 대한

---

87 *Hegel*, Philosophie des Rechts, §§ 260 이하, 330 이하.

현실을 만들고, 행정부는 이 일반성을 현실로 이행하며, 사법부는 개별사례에서 법에 부합하는 것이 무엇인지를 판단하고, 즉 사법부 자신의 방식으로 일반성과 삶을 실제로 연결시키는 것이다.[88] 그러므로 여기서 개개인의 행위의 실천논리는 제정된 공동체의 법실현의 형태로 옮겨진다. 이 연결에서 자기존재와 법의 관계는 확증될 뿐 아니라, 또 새로운 단계로 고양되었다.[89]

제정된 공동체들의 다수를 보면 여기서 어려움이 생기는 것으로 보이나, 이는 피상적인 사고에서 기인한다. 요컨대 서술한 국가에 대한 개개인의 관계의 구조를 평준화시켜 '민주주의'라 칭하고, 나아가 특히 서구에서 발전된 이 법적 삶의 형태를 모든 법형태의 유일한 모델로 치켜세운다면 또한 '자기'와 '법칙'의 위치규정이 그 가변성과 생동성에서 경직화되는 큰 위험에 봉착하게 된다. 일반성의 **어떤** 확고한 형태를 자기존재의 모든 가능성을 향해 뒤집는 것이다. 그러나 삶의 구체성에 대한 시각을 유지한다면, 이미 서구에서도 이 일반성의 형태에서 현저한 차이성이 나타나며,[90] 또한 일반성 이념의 실현에서도 세계모델로 추천하는 가능성을 추가로 떨어뜨리는 현저한 문제점도 드러날 것이다.

그러므로 또 모든 제정된 공동체를 위해 불가피하게 모든 개개인의 자기존재를 공동체와 조정해야 하는 과제를 실행해야 한다면, 본 연구의 제1장에서 지적한 공동체의 자기존재는 다양한 방식으로 규정할 수 있다는 사실이 함께

---

88 *Kant*, MdS, § 45.
89 현재 매우 높이 평가되는 대의민주주의의 개념은 본문에서 언급한 것을 홀로 해내지 못한다. 정부형태로서의 모든 지배는 폭정을 야기하며, 왜냐하면 여기서는 정부와 입법을 분리시키지 않기 때문이다. 이것은 모든 국가권력을 선거를 통해 정당화되는 것이라고 강요함으로써 결코 제거되지 않는다. 이는 한층 심도 있는 공화국의 사고이며, 이 사고는 바로 국가의 국민의 (합계가 아닌) 통일체에서 나누어지는 법적인 권력들을 국민의 자기결정의 형태로 파악할 수 있게 한다. 이에 대해서는 *Kant*, Zum ewigen Frieden, Erster Definitivartikel, BA 25 이하 = AA 8, 349 이하.
90 헤겔은 플라톤이 국가론(Politeia)에서 유모에게 팔에 아이를 안고 흔들며 결코 멈추지 말 것을 권장했던 것, 그리고 피히테가 그의 법론에서 신분증의 내용에 대해 말한 것을 조롱했다(Philosophie des Rechts, Vorrede, 25면). 이 원문의 설명은 조소로 오해될 수도 있을 것이며, 여기서는 반대로 구체적인 삶의 상황에서 법의 형태로까지 만들어질 것이다. 그렇지만 또 여기서 중요한 것은 유모나 여권이 아니라, 법에서 한 사람의 타인에 대한 관계와 수많은 개개인의 수많은 타인에 대한 관계이며, 법의 규정들이 구체적인 삶의 상황을 수용하지 않고 형성되면, 이는 개개인을 간과하고 일어나는 위험에 빠진다.

고려되어야 한다. 예컨대 시민-소유권자의 로크식 각인과는 다른 그리고 정당하게 승인해야 하는 관계규정이 존재하는 것이다.

b)

모든 제정된 공동체 안에서 타인과 공동체 전체에 대한 한 사람의 관계가 유지되고 있다. 이 범위 내에서 다양한 경계규정의 법지위들이, 일부는 타인이나 공동체 자체에 대한 의무와 연결되어 확정되고 구상된다. 의무가 법으로서 존재하는데 중요한 것은 실질적인 법의 질을 가지며 일반적으로 승인되었다는 것이다. 이제 관점을 여기서 설명한 방식에서의 자기존재의 형태들로 확장한다면, 법의 구성에 대한 이 방식은 반드시 (성문) 법률의 형태로 나타나지 않아도 됨을 알 수 있다.[91] 중요한 것은 오히려 법의 제도이며, 공동체에서 삶과 이 제도의 연결은 가장 밀접한 연결이다; 왜냐하면 이 연결 속에서 법은 직접 인격체들과 만나고 이들 스스로 법제도, 즉 재판권인 법원을 승인했기 때문이다. 재판권의 존재는 법적으로 제정된 공동체의 보편타당한 표지이다. 재판권의 존재는 ― 문화적으로 다양한 ― 공동체 구성원들의 삶의 관계에 의해 형성되고 개개인이 (정의의 범주에 있는) 법적으로 중요하다고 이해하는 내용을 전제한다. 이와 동시에 근원적으로 공유(Ur-teil)할 수 있는 가능성도 제공되었다; 이 판결(Urteil)은 승인되어야 하고, ― 필요하고 가능한 한 ― 법강제로써 관철되어야 한다. 이를 위해 성문법률은 법의 추가적인 확인의 형태를 말하며, 이 형태가 적절한 이유로 법의 지속성을 보증한다고 해도 문서로 확증된 법률이 필요한 것은 아니다.

이와 같은 배경에서 "법원 자체를 한 나라의 정의라고 부르며, 이러한 정의가 존재하는지 아닌지를 모든 법적인 문제 중에서 가장 중요한 것으로 물을 수 있다"는 칸트의 문장이 실증된다.[92]

---

91 서구 법사고에도 이를 영미법계가 보여준다.

8. 법의 둘째 지평

말한 모든 것을 종합하면, 제정된 공동체의 이 지점에서 공동체의 사법권과 동시에 공동체 안에서 살고 있는 인격체들, 이들 상호 간의 연결 그리고 특히 그들의 언어 및 각 고유한 자기 문화와 함께 이 전체의 총체성 자체를 보게 되고, 이 총체성은 법적 지위를 가지며 그래서 국가라고 부를 수 있다. 이로써 법의 둘째 지평이 완성된다. 여기서 법의 둘째 지평은 인격체의 첫째 지평과 본질적인 관계에 있음이 분명해진다. 둘째 지평이 둘러싸고 있는 것은 인격체들의 현존재의 확장된 의미로 이해한 인격체들의 자기성이다. 따라서 인격체들은 그들의 정체성을 이 인격체로서의 자기존재를 통해서만 얻는 것이 아니라, 이 공동체에서 인격체로서의 그들의 자기존재를 통해서도 얻는다. 공동체의 본질과 형태는 당연히 형식으로서의 법 하나만으로 규정되는 것이 아니다; 내부적으로 이것은 언어, 살고 있는 나라, 경제, 문화 및 종교를 포괄한다. 이는 또 — 다른 것에 대한 적대감의 이유와 전혀 결부되지 않고 — 공동체의 본질과 형태에 불가피하게 외부와의 경계 설정도 해준다. 국가는 내, 외적으로 통일체이다.[93] 현대 세계는 이 경계의 피상적인 해결로 기우는 경향이 있으며, 본질적으로는 거래정신과 교환관계로 인해 영향을 받고, 이 교환관계는 모든 차이를 자칭 통화의 태환성에서 붕괴시킨다. 하지만 경제관계가 전체 삶을 결정하는 것은 분명 아니며, 법과 관련되는 것은 그 자체가 공정한 관계이어야 한다.

그러므로 여기서 법의 둘째 지평이 또한 경계로서 이해된다면, 이것은 장벽처럼 타인에 대한 차단을 논하는 것이 아니다. 반대로 중요한 것은 주체의 견고성은 오로지 구체적인 공동체에서만 형성될 수 있고, 주체의 정체성의 이

---

92 *Kant*, MdS, § 41.
93 *Hegel*, Philosophie des Rechts, § 271 참조.

불가피한 요소는 계속 전제되고, 이러한 공동체 자체는 경계가 있다는 통찰이다. 이 경계는 언급한 다른 요소 외에 타인과의 연결 속에서 자기 삶의 관계에 대한 조망가능성을 통해 규정된다. 이러한 경계가 지나치게 광범위하게 확정되면, 즉 법의 둘째 지평이 지나치게 큰 영역을 포괄하려고 한다면 그러면 법 제정과 관련하여 법관과 대표자를 더 이상 자신의 것이 아니라 낯선 것으로 체험하며, 법의 규칙은 아주 멀리서 오고 무력하게 된다.[94] 그러므로 이렇게 **하나의** 지구에서 각기 고유하게 제정된 다수의 국가들에게 타당성을 부여하는 동기가 제공되었다. 국가들 상호 간의 외적인 경계는 국가의 존재를 통해서 만들어지며, 이 존재는 본래 본질적으로 삶과 결부된 법을 통해 형성되었다. 그렇지만 더 나아가 국가들의 상호 관계를 서로 규정해야 하는 사유적 필요성이 생긴다. 이는 사고과정을 계속하여 셋째 지평으로 촉진시키며, 셋째 지평은 바로 지구상에서 국가들의 공동체이다.

---

94 이는 독일 연방헌법재판소의 이른바 리스본 판결에서 제대로 보았다(BVerfGE 123, 340면 이하).

IV. 국가들의 공동체

1. 국가들 상호 간 관계의 문제

자연에 의해 미리 정해진 둥근 구 형태인 지표면의 봉쇄와 자율성의 둘째 지평인 제정된 공동체의 동일성을 형성하고 안정화시키는 힘은 셋째 지평, 지구상에 있는 모든 국가들의 공동체에 대한 형태를 만들게 한다. 지금까지 말한 모든 것에 의하면 이 공동체의 구성은 제정된 모든 공동체이며, 결코 공화정체나 '민주적으로' 통치하는 나라들이 아니라는 것을 먼저 확고히 해 두어야 한다. 이 원칙상의 평등권은 제정된 모든 공동체가 그들의 각기 고유한 형태에서 늘 그 공동체 속에서 살고, 공동체를 형성하는 개개인의 법적인 형태를 만드는 능력에서 나오는 것이며, 이 능력의 최종 근거는 개개인의 인간존엄과 인권에 있고, 그 능력 자체는 공동체 정체성의 본질적인 부분이다. 제정된 공동체의 내부에서 예컨대 인권침해를 범한 공동체에 대해 국제적 방식으로 제재를 가하는 경우, 이러한 모든 공동체는 **법적으로** 취급받을 권리가 있으며, 힘의 기준에 따라 취급되지 않는다. — 불안정하게 제정된 '종족들'[95] 또한 그들이 내적인 질서를 가지고 있고, 이로써 하나의 통일체를 형성하는 한 이 공동체의 구성원이다; 만약 그렇지 않은 경우에도 이 집단의 개개인에게는 여전히 인간존엄과 인권이 있다. 어떤 관점에서도 이에 우선하는 권리는 없다.

---

95 종족들의 개념에 대해서는 *Kant*, 가령 Zum ewigen Frieden, BA 51 이하 = AA 8, 362 이하 참조. – 하지만 칸트는 종족들을 국가 개념과 대조시키고 있다.

세계를 전체적으로 조망하는 것은 지금은 일상화되었다. 이제 외적인 것을 발견하기 위해 여행하는 시대는 지났다. 세계는 측량되었고 '검푸른 행성'은 우주공간에서 관측될 수 있다. 그러나 이 세계의 법질서에 대한 문제는 결코 타당하게 해결되지 않았다.[96] 상호 간의 접촉 빈도와 정보량은 '지구촌'의 존재를 시사해주기는 하지만, 그럼에도 이 인상의 표피성은 늘 인식하고 있어야 한다. 왜냐하면 인간들의 (인간들 한 사람 한 사람의) 동일성은 관광과 세계무역에서 받은 인상 너머에서 비로소 파악되기 때문이며, 그렇지 않으면 단지 피상적일 뿐이다. 그러므로 불안정한 관계와 계약의 확인으로써 만족하지 않고, 원칙적으로 그리고 제시한 의미에서의 국가들의 공동체의 본질적-법적 형태에 대해 질문한다면 (이는 또 국제법이나 더 정확하게는 국가들의 법[97]의 토대이다), 그러면 첫 단계에서는 현존하는 개개 국가들의 동일성을 형성하고 구분하는 시각으로 되돌아와야 한다.

2. 자연상태 대신 국가들의 법관계

a)

국가들 상호 간의 관계를 규정하기 위해 이 관계는 (국가 이전의) 자연상태에서 개개 인간들 간의 관계와 같은 성질의 것이라고 종종 말해져 왔다.[98] 그러나 이 상태는 주지하다시피 매우 다양하게 규정될 수 있다. 이를 홉스처럼[99] 이해한다면 각 국가는 타인의 존재를 희생해서라도 자기보존을 찾는다. 그렇

---

96 이는 20세기의 90년대 초 소비에트제국이 붕괴되고, 그 후 말하자면 전율적이고 – 충격적으로 "유일한 초강국" 미국이 언급되었을 때 잘 관찰할 수 있었다. 권력에 대한 사고는 전제적 권력자와 예컨대 16/17세기의 이에 대한 상상과 아무런 차이가 없다. 현재 (예를 들어 중국도 포함하여) 다극적 세계라고 즐겨 말할 때, 이것은 법의 수준으로까지는 향상되지 않고 권력의 관점을 단지 여러 가지로 나누는 것이다.
97 이 개념의 정확한 설명에 대해서는 *Kant*, MdS, § 53 참조.
98 국가 간의 자연상태에 대해서는 *Verdross/Simma*, Universelles Völkerrecht, 14면 이하; *Jakob*, Individuum im Spannungsverhältnis, 110면 이하 비교.
99 *Hobbes*, Leviathan, Kapitel 20 비교.

게 되면 국제법은 끊임없는 전쟁의 위험을 억제하기 위한 설계일 뿐이다. 지난 세기의 인류사를 본다면, 이 평가가 현실감이라는 것을 부인할 수 없음은 자명하다. 그럼에도 불구하고 이 평가는 국가들의 관계에 관한 특수한 법적 관점의 실행력을 단순화하는 것이며, 오로지 이 법적 관점으로부터 무엇이라고 단순히 묘사만 하는 것이 아니라, 어떠해야 하는 것인지가 도출된다. 따라서 이러한 관점에서 첫 단계에서는 인간들 간의 자연상태에 대한 칸트의 규정은 매우 생산적이다. 칸트의 규정에 의하면, 이 상태는 불법의 상태가 아니라는 많은 법적인 내용을 이미 내보이고 있다; 그럼에도 불구하고 이 상태에서는 법관이 없기 때문에 권리가 없는 상태이다.[100]

그러나 개개 인간들 간의 자연상태의 이 묘사는 단순한 방식으로 국가들 간의 관계에 전이될 수 있다. 국가들의 공동체를 형성하는 자기제정성을 통해 국가들은 (단지 형식적이 아니라 실제적인 의미에서) 그 자체가 법적인 통일체이며, 이는 인간들 간의 자연상태에서와는 달리 타인에 대해 확고하고 스스로 정당한 한계를 지닌다. 이 한계에서 최초로 타인에 대한 자기방어권이 나오지만, 단지 소극적인 것으로서 이다. 그렇지만 적극적으로는 통일체로서의 타인에 대해, 가령 다른 자기제정적인 통일체에서 공동으로 침해적인 법제정을 할 수 있는 법적인 강제권능을 생각할 수 없다.[101]

한 개념은 그러나, 현재 국제법에서도 개개 인간들 간의 관계와 유사하며, 지금까지의 일반 법론에서 보다 국제법에서 더 많이 수용되고 중요하다: 이는 바로 승인개념이다.[102] 그러나 국가들(국제)법에서 이 개념의 구체화를 위해서는 어느 정도까지 인간들 간의 근본적인 승인관계와 유사성이 있는지를 정

---

100 *Kant*, MdS, § 44.
101 이와 반대로 자연상태에서 '공법'상태로의 이행에 대한 칸트의 설명 참조: MdS, § 42, AB 156 이하 = AA 6, 307 이하.
102 국제법에서 승인개념에 대해서는 *Verdross/Simma*, Universelles Völkerrecht, §§ 961-968; *Doehring*, Völkerrecht, § 19; *Hailbronner*, in: Vitzhum(편), Völkerrecht, 3. Abschnitt, 난외번호 168-177.

확히 검토해야 한다.

b)

본 연구의 제2장 첫 절(I)에서 모든 법의 토대로서 인간들 간의 상호-활동적인 전개는 기본관계의 이해에서 나오며, 이 기본관계는 항상 인간들을 서로 연결시킨다는 것을 기술했었다. 자신의 자아생성에 대한 성찰로부터 이 기본관계는 체험될 수 있었다. 비록 공동의 국경을 가진 이웃 국가들과 관계되는 경우라 하더라도, 이러한 원래의 공동체 관계는 국가들 간에는 존재하지 않는다; 이 국가들을 잘 특징하는 것은 첫 단계에 있어서는 (역사적으로도 자주) 대립이다. 그럼에도 불구하고 모든 경계는 항상 이 경계 너머에 있는 것을 지적하고 있다. 이 점에서 승인의 개념은 국가의 구성을 위해 중요하다; 설명해야 할 것은 승인이 어디에 근거하고 있는가이다.

국제법 이론에서 국가로서의 존재를 위해 한 국가의 승인은 기본이라는 것이 종래의 견해였다. 이에 의하면 X라는 국가는 (그가 승인한) A라는 국가를 위해 존재할 수 있지만, B라는 국가를 위해 존재할 수는 없다.[103] 반대로 오늘날 국가는 그 존재로써 그 승인이 단지 선언적 효력만 가진다는 것을 대체로 인정한다; 승인에 대한 외부적인 표시는 국제기구에 대한 가입 같은 것이 아니다. 그렇지만 선언적 승인도 법적 근거가 있어야 한다는 것, 그리고 어떤 견해는 국가의 승인에 대한 의무도 요구한다는 것[104]을 염두에 둔다면, 법적 근거는 여전히 규정되어야 한다.

타국가들에 의한 한 국가의 승인에 대한 법적 근거는 (상호적인 자유의) 법원칙 및 여기서 도출되는 자기결정에 의한 주권 그리고 지구의 닫힌 표면에서 국가들 공동체의 자연적인 통일체의 연결에 있다. 모든 국가는 그들 자신의

---

103 *Doehring*, Völkerrecht, 난외번호 941.
104 이에 대해서는 *Dahm/Delbrueck/Wolfram*, Völkerrecht, § 20 II 이하, 199면 이하 참조[새로운 국가권력이 최종적으로 관철되었을 때 승인에 대한 의무); 역사적인 발전에 대해서는 또 *Frowein*, Entwicklung der Anerkennung, 145면 이하 참조; *Lauterpacht*, Recognition in International Law, 88면.

독립적인 존재를 오로지 모든 타국가들과의 공동체에서만 이해할 수 있다. 법의 적극적인 개념으로부터 나오는 이 통찰과 상호적인 국제법 관계에서 이 통찰에 상응하는 행위는 국제법 이론에서 몇몇 주장들이 생각하는 것처럼 국제법은 결코 (강제적인 관찰력이 약하기 때문에) 미약한 법이 아니라, 오히려 그 반대로 법적 사고의 최고 능력임을 보여준다. 왜냐하면 법사고는 여기서 권력의 힘의 단순한 영향력으로부터 완전히 해방되고, 온전히 법적-실천이성의 통찰 위에서 만들어지기 때문이다. 피상적으로, 권력의 관점에서 본다면, 여기서 법원칙은 표면상으로는 완전한 소박함으로까지 고조되었다. 그러나 여기에 들어 있는 사유의 본질에서 보면, 이 점까지 발전된 법관계는 전쟁을 통해 차이성을 없애려고 하지 않고, 법에서 통일성과 동시에 차이성을 평화적으로 사고하고 지탱해 낼 수 있는, 사춘기적인 체력의 성장에서 벗어나는 인간의 법이해와 부합한다. 세계의 법평화는 전쟁과 폭력의 단순한 부재를 통한 인간들 간의 법관계로는 적절하게 규정되지 않았다. 법평화는 오히려 그 특징들을 자체로 지니며 이를 법평화의 (외관상) 더 현실적이며 더 참된 (권력의) 이유로 말미암아 비로소 부각됨으로서 이런 식으로만 자각할 수 있는 부정적인 것으로 인식하지 않는다. 법평화의 진정한 어려움은 다른데 있다: 법평화는 국가들의 책임 있는 행위를 통해 실현되어야 하는 것이다.[105]

이런 방식으로 국가들 상호 간의 관계에 대한 승인의 법적 근거를 해석한다면, 그 외의 다른 결과로서 국가들의 내부(= 국내)로 작용하는 이 개념의 해방적인 힘도 생기게 된다. 현재 실제로 보면 여전히 비평화적인 세계에서 승인은 국가들의 국내 관계에서 개개 인간과 관련되는 이 개념의 최종근거(인간 존엄과 인권)를 여전히 결코 법의 핵심개념으로 이해하지 않는 국가들에 의해

---

105 *Kant*, Zum ewigen Frieden, B 96 / A 90 이하 = AA 8, 380 참조: 법원칙은 객관적인 현실성이 있으며, 즉 실행되도록 한다.

서도 요구된다. 하지만 국가들이 전체로서 국가를 형성하는 개개인을 위해 역시 국가의 현존재 요소로서의 필수적인 무엇을 요구함으로써, 국가들은 국내 관계에서도 법원칙을 강화하는 전개를 부지중에 촉진시키는 것이다.

c)

국가 간의 근원적 상태는 지금까지의 진술에 의하면 자연상태 개념으로 적절히 묘사되지 않았다. 국가들의 공동체는 지표면의 봉쇄로 인해 '당연한' 것이다. 하지만 또 둘째 단계에서 국가들의 자기제정성과 그들 서로 간의 관계는 이미 권리자와 원칙상 평등한-권리자의 관계로 규정되었다. 이 토대에서 국제법의 구체적인 법형태는 국가 간 계약의 결과로서 형성될 수 있다.

계약의 사고는 여기서 특별한 형태와 특별한 의미로 나타난다. 개개 인간들 간의 법공동체의 구성을 위해 이 사고는 견고하지 않은 것으로 간주되었다 (앞의 제2장, III. 3). 계약의 사고에서 (두 개의 개별 의사를 생기게 하는) 주된 우연성은 인간들 간의 법공동체의 필요성에 적절하지 않았다. 그렇지만 국가들에 대한 관계의 영역에서 법관계는 늘 존재하고 있는 것이다; 그러나 (서로 경계를 정하고, 서로 관계를 규정하는) 이 관계의 구체화를 필요로 하며, 이는 일반의지가 아니라, 특별의지의 합의에서 나온다; 하지만 이것은 계약이다. 국제법의 주체들이 자신들의 권리를 만들어 내는 것은 고유한 특징이 있다고 이따금 말해진다면,[106] 이 점 역시 한 국가 내에서의 법제정에 대한 관계에서는 어쨌든 역시 특수성이 아니며, 왜냐하면 여기서도 중요한 것은 자의적인 규정이 아니라, 스스로 정한 법이기 때문이다.

d)

국제법에서 법상태의 침해에 대해 그 관철의 문제는 특히 어렵다. 한 국가의 타국에 대한 군사적 침략이 이 국가(와 경우에 따라서는 동맹국)에 의해 격

---

106 *Vitzhum*, in: Vietzhum(편), Völkerrecht, I. Abschnitt, 난외번호 26.

퇴될 수도 있음은 법과 결부된 주체의 존재보장에서 이미 도출되는 것이다. 그러나 이 외에도 강제권능이 없는 법관, 즉 중재재판소의 판결에 따르는 것은 국가들의 영역에서 법원칙에 부합한다. 그 다음 한 국가의 법성은 이 판결을 수용함으로써 논박의 여지없이 타국가들의 공동체에게 입증된다. 여기서도 법원칙의 사상은 순진성으로까지 고조된 것으로 보인다. 만약 위로가 필요하다면 위로차원에서, 칸트와 함께 섀프츠베리(Shaftesbury)의 논평을 상기해볼 수 있으며, 이에 의하면 "어떤 이론이 조소를 견뎌내면, 이는 (특히 실천적인) 이론의 진리를 위한 무시할 수 없는 시금석이다".[107] — 헤이그에 있는 국제법원은 국가 간의 권리주장의 선례이다.[108]

3. 세계국가의 배제

모든 국가는 각국의 고유한 자기헌법(가장 단순한 문구로 말하자면: 자국의 국민, 영토, 법권력으로서의 국가권력)을 타국가와 자국의 공존의 부분으로 이해한다. 이 이해는 역사적으로 점차 국제연맹을 맺도록 하였다.[109] 하지만 이 국제연맹은 세계국가가 될 수 없다.

세계국가에 대한 칸트의 이의는 결코 실용적인 성질(국가와 개개인 간의 거리; 언어와 종교의 상이성)만이 아니며, 비록 이 논거의 의의를 (그 외는 그렇게 실용적인) 지금 너무 쉽게 받아들인다 해도 말이다. 칸트는 무엇보다도 세계국가는 개개인의 자유에 반한다는 견해였다. 칸트의 이 견해가 타당하다는 것을 본 연구의 사고과정의 말미인 여기서 보여줄 수 있다. 이것은 개개인

---

107 *Kant*, MdS, Vorrede, AB X = AA 6, 209; *Anthony Ashley Cooper*의 Earl of Shaftesbury, Characteristics of Men, Manners, Opinions, Times, Tr. II, Sect. I. (3. Absatz)에 나오는 인용: "진리는 (…) 모든 빛을 받아들일 수 있다: 그리고 이러한 핵심적인 빛 중의 하나는 (…) 조소 자체이다"(인용은 AA 6, 522).

108 구성과 자세한 법형태에 대해서는 유엔헌장 제92조-제96조와 *Schröeder*, in: Vitzthum(편), Völkerrecht, 7. Abschnitt, 난외번호 85-103의 설명 참조.

109 *Kant*, Zum ewigen Frieden, Zweiter Definitivartikel, BA 30 이하 = AA 8, 354 이하; MdS, § 61 참조.

의 의식적인 삶과 법의 연결에서 법의 개념으로부터 도출될 수 있는 것이다.

사유한 국가이전의 상태에서 제정된 공동체로 가는 개개인의 일보는 개개인 사이에 존재하는 차이성과 통일성을 새로운 단계로 고양시켰으며, 이 속에서 통일성은 법적 형태를 얻게 되지만, 차이성은 유지되는 것이다. 어떠한 공동체도 자기존재를 완전히 소멸시킬 수는 없다. 이렇게 이루어진 맥락에서 법형태 그리고 또 권리에서 도출되는 법강제가 이해되고 수용될 수 있다. 왜냐하면 법강제는 항상 개개인에게 향한 것이고, 폭력이 아닌 법으로서 증명되어야 하기 때문이다. 여기서 언급한 둘째 지평은 첫째 지평을 수용함으로써 '사회'가 단지 추상적이며 사실은 인간이 빠진 모습이 되는 것을 또한 단번에 방지해 준다.

그렇지만 세계기준에서 보면 이 관계는 없어질 것이다. 세계국가는 그 정당성을 예컨대 (세계국가에 소속된 '시민'으로서) 모든 국가의 일반의지뿐 아니라, 또한 근본적으로 모든 인간, 즉 인류의 일반의지와도 관련시켜야 한다. 어떤 권한이건, 최소 혹은 최대건, 무엇을 시인하건 간에, 늘 개개 인격체의 법행위와 관련될 것이며, 그것도 세계국가의 법행위가 이의 명령을 실행하는 개별국가에 대한 지시로서 이해된다면 더욱 그렇다. 그렇지만 이로써 사유상 법을 최초로 형성하는 개개 국가를 건너뛰는 것이 되고 말 것이다; 자기존재의 통일성은 직접 인류의 전체로 이행한다. 그러나 여기서 법의 둘째 지평으로 특징한 것의 손실은 동일성 형성에 필수적인 전체의 손실을 의미하는 것이 될 것이다. 자기존재는 구체성이 있다: 이는 '자기'와 '법칙'의 이 연결, 이 언어, 이 문화를 말한다. 이 구체성의 승인이 비로소 개개인을 법적으로 안정화시키며, 개개인에게 그 질서가 개관가능하게 되고, 그 질서 속에서 개개인은 살고, 권리와 의무를 지닌다. 이것이 확고히 될 때에만 국가연맹으로 이행할 수 있으며, 즉 셋째 지평을 주목할 수 있게 된다. 세 지평을 해체한다면 동일성을 상실하고, 차이성은 추상적 사고를 통해 부인되거나 인위적으로 조정되고, 법과 의식적인 삶의 분리가 생긴다.[110]

이 관점에서 또한 국가들의 주권 개념도 보아야 한다. 주권은 타국가에 대해 단지 외적으로만 작용하는 법지위가 결코 아니며, 극복해야 하는 낡은 민족국가 사고의 개념은 더더욱 아니다.[111] 한 국가의 주권은 우선 첫째로 한 민족의 자기헌법이다(표현방식에 따라서는 국민의 자기존재의 형태라고도 할 수 있을 것이다); 그러므로 주권은 국가의 내부에서 생겨난다. 따라서 세계국가가 개개인의 법지위에 단순히 침투하는 것은, 개개인이 이 법률행위에 동의한다는 것이 적절하게 근거지워지지 않는다면 그 자체가 불법이다.[112] 이를 포기한다면 개개인에게 이러한 법강제는 습격처럼 여겨질 것이다. 나아가 세계정신의 대리인으로 등장하는 이 거대한 것의 행위를 어떤 방식으로 저지할 수 있는지도 회의적이다.[113]

4. 법의 셋째 지평

이로써 법의 셋째 지평이 완결되었다. 여기에는 특별한 사정이 있다. 법의 셋째 지평의 결합은 자연에 의해 명시되었고, 지구의 단일성을 통해 분명해진

---

110 *Vitzhum*, Staatengemeinschafte, 49면의 표현에서 이를 매우 잘 묘사하고 있다: 숲은 뿌리가 없고, 오로지 나무들만 뿌리가 있다(이 인용은 *Thomas Jakob*의 논문 덕분이다) – 이미 유럽연합은 언급한 한계를 넘어서고 그리고 필연적으로 생기는 저항으로 인해 스스로를 해치는 지속적인 위험 속에 있다.

111 적절한 것은 *Hillgruber*, Souveränität, 1072면 이하.

112 특히 서구 사상가의 이 세계국가에 대한 모종의 애착은 분명 전제국가의 후견성이 (자체 평가에 따라) 고도의 지적인 사고 속으로도 기꺼이 끼어드는 것에서 나온다; 타인의 자유, 이것은 인내해야 하는 것이며, 말하자면 타인을 배려하여 설계되어야 한다.

113 자주 언급된 타국가의 삶의 상황에 대한 인도적 중재는 현실에서 이행할 수 있는 것보다 개념으로 더 많은 것을 약속한다. 이 중재는 상호적으로 격분한 당사자를 떼어놓고 협상으로 (법적 이성으로) 유도하는 한 효과가 있을 수 있다. 하지만 이는 **삶의 상황에 대한**, 즉 땅 위에서의 비력을 전제한다. 그러나 오늘날의 전쟁 수법에서 인도적인 중재는 너무 쉽게 소위 비인간적인 상황들에서 폭격으로 근거 없이 일어난 것이라고 오해되고 있다. 이것이 인도애로서 인도적으로 중재하는 자들에게 얼마나 진정성 있는 것인지에 대한 테스트는, 어느 정도로 땅 위에서 스스로 목숨을 걸 준비가 되어 있는지를 시험하는 것이다. 전체적으로는 *Köhler*, Zur völkerrechtlichen Frage der humanitären Intervention, 75면 이하; *Jacob*, Das Individuum im Spannungsverhältnis, 207면 이하 참조.

다. 그러나 동시에 이 결합은 국가 내에 있는 개개인의 관점에서 개방성을 보여준다. 인간의 (그리고 이는 항상 개개인 자신의) 삶의 형태로서 이런 모든 다양한 삶의 형태에 대한 이해는 타인('이방인')과의 접촉을 통해 자기 삶에 확장하는 형태를 제공하는 가능성을 제시해 준다. 칸트는 법상태의 이 차원을 "세계시민법"이라고 칭했다. 이 셋째 지평은, 개개인과 관련하여서, 더 이상 첫 두 지평과 같은 방법으로 동일성을 근거짓지 못한다. 셋째 지평은 첫 두 지평(자기존재와 제정된 공동체)에 대한 고수를 넘어서서 모든 삶의 형태에 대해 평화로운 참여를 개방함으로써 동일성을 확장하며, 더욱이 이 모든 삶의 형태는 의식적인 존재로서의 인간에게 주어진 것이다.

결론

자율성과 법

　법원칙의 세 지평에 대한 묘사와 동시에 법에 있어 인간들의 지평들을 밝혔으며, 이 지평들 속에서 다른 형태와 더불어 인간의 자기존재를 얻게 된다. 이 지평들이 시야를 각기 확장하는 동안에 통로의 끝에서야 비로소 개개인은 그의 완전한 형태에서 법인격체로 인식됨과 동시에 인류는 법의 통일체로서 인식될 수 있다. 법원칙은 여러 단계를 통한 이러한 전개를 필요로 한다고 칸트는 아주 적절히 지적했다.[1] 여기에, 법의 일반성을 위한 발전에는 출발점, 개개 주체에 대한 환원이 늘 고려되고 가능해야 하며, 주체 자체는 하나의 통일체이고, 타인과 더불어 고향이 있지만 또 타인과 함께 하는 세계의 시민이라는 심오한 통찰이 들어 있다. 이러한 맥락의 통일성이 분명해질 때에 비로소 법원칙의 전개에서 사고의 진행도 완성되는 것이다.

　이 맥락은 단지 외관상으로만 당위 속에 있는 단순한 사고형태이다. 이는 훨씬 더 내재적이며, 따라서 자유 속에서 인간 실천의 가장 유력한 핵심이다. 법은 인간의 의식적인 삶과 본질적으로 결부되어 있고, 이런 이유로 언급한 지평들 속에서 펼쳐진다. 여기에 또 상호적인 행위의 척도를 법에서 인식해야 하는 영속적인 과제에 대한 앎도 존재하고, 이렇게 해야만 모든 법의 최고 이념이며 그 결과 모든 정치의 최고 이념인 인간들 간의 평화가 현실이 될 수 있는 것이다.

---

1 *Kant*, MdS, § 43.

참고문헌

Apel, Karl Otto, Wittgenstein und Heidegger: Die Frage nach dem Sinn von Sein und der Sinnlosigkeitsverdacht gegen alle Metaphysik, in: ders., Transformation der Philosophie, Bd. 1, Frankfurt/M. 1973, S. 235 ff.

Aristoteles, Politik, übersetzt und hrsg. von Olaf Gigon, München 1978.

ders., Nikomachische Ethik, übersetzt und kommentiert von Franz Dirlmeier, Werke in deutscher Übersetzung, hrsg. von Ernst Grumach, Bd. 6, Darmstadt 1967.

ders., Magna Moralia, übersetzt und kommentiert von Franz Dirlmeier, Werke in deutscher Übersetzung, hrsg. von Ernst Grumach, Bd. 8, Berlin 1966.

Von Aster, Ernst, Geschichte der Philosophie, 15. Aufl., Stuttgart 1968.

Bartuschat, Wolfgang, Zur kantischen Begründung der Trias "Freiheit, Gleichheit, Selbständigkeit" innerhalb der Rechtslehre, in: Götz Landwehr (Hrsg.), Freiheit, Gleichheit, Selbständigkeit, Göttingen 1999, S. 11 ff.

ders., Selbstsein und Absolutes, in: Spinoza 1677-1977, neue hefte für philosophie, Heft 12. S. 21 ff.

Bauch, Bruno, Luther und Kant, Berlin 1904.

Bechert, Heinz, Buddhismus, Staat und Gesellschaft in den Ländern des Theravada-Buddhismus, Bd. 1, Frankfurt/M., Berlin 1966.

Benfey, Theodor, Das Indogermanische Thema des Zahlworts "Zwei" ist du, in: Abhandlungen der Königlichen Gesellschaft der Wissenschaften in Göttingen, Bd. 21 (1876), S. 1 ff.

Bielefeldt, Heiner, Auslaufmodell Menschenwürde?, Freiburg u.a. 2011.

ders., Philosophie der Menschenrechte, Darmstadt 1998.

Blumenberg, Hans, Art. Autonomie und Theonomie, in: Die Religion in Geschichte und Gegenwart, Bd. 1, 3. Aufl., Tübingen 1957, Sp. 787-791.

ders., Kant und die Frage nach dem "gnädigen Gott", in: Studium generale 7 (1954), S. 554 ff.

Boyd, Nocolas, Goethe — Der Dichter in einer Zeit, Bd. II, 1790-1803, Frankfurt/M. 2004.

Brandt, Reinhard, Eigentumstheorien von Grotius bis Kant, Stuttgart, Bad Cannstatt, 1974.

ders., Locke und Kant, in: Martyn P. Thompson (Hrsg.), John Locke und/ and Immanuel Kant, Berlin 1991, S. 87 ff.

Brauer, Susanne, Natur und Sittlichkeit. Die Familie in Hegels Rechtsphilosophie, Freiburg, München 2007.

Brocker, Manfred, Kants Besitzlehre, Würzburg 1987.

Buchanan, James M., Die Grenzen der Freiheit. Zwischen Anarchie und Leviathan,

Tübingen 1984.

Buddha, Die Lehrreden des Buddha aus der Angereihten Sammlung, überarbeitet und hrsg. von Nyanaponika Thera, Bd. 1-5, 5. Aufl., Köln 1993.

Cobbah, Josiah A. M., African Values and the human Rights Debate: An African Perspective, in: Human Rights Quarterly, 9 (1987), S. 309 ff.

Dahm, Georg / Delbrück, Jost / Wolfrum, Rüdiger, Völkerrecht, Bd. I/ 1, 2. Aufl., Berlin, New York 1989.

Dilthey, Wilhelm, Das natürliche System der Geisteswissenschaften im 17. Jahrhundert, in: Weltanschauung und Analyse des Menschen seit Renaissance und Reformation, Gesammelte Schriften, Bd. II, Stuttgart, Göttingen 1957, S. 90 ff.

ders., Die Typen der Weltanschauung und ihre Ausbildung in den metaphysischen Systemen, in: Weltanschauungslehre, Gesammelte Schriften, Bd. VIII, Stuttgart, Göttingen 1960.

Doehring, Karl, Völkerrecht, 2. Aufl., Heidelberg 2004.

Dreier, Ralf, Sein und Sollen, in: JZ 1972, S. 329 ff.

Düsing, Elisabeth, Intersubjektivität und Selbstbewusstsein, Köln 1986.

Düsing, Klaus, Selbstbewusstseinsmodelle, München 1997.

Ellscheid, Günter, Das Problem von Sein und Sollen in der Philosophie Immanuel Kants, Köln u. a. 1968.

Enders, Christoph, Die Menschenwürde in der Verfassungsordnung, Tübingen 1997.

Essler, Wilhelm K. / Mamat, Ulrich, Die Philosophie des Buddhismus, Darmstadt 2006.

Fichte, Johann Gottlieb, Sämtliche Werke, hrsg. von Immanuel Hermann Fichte, Nachdruck der Ausgabe Berlin 1845/46, Berlin 1971.

Frauwallner, Erich, Geschichte der indischen Philosophie, Bd. 1, Salzburg o. J.

Frowein, Jochen Abraham, Die Entwicklung der Anerkennung von Staaten und Regierungen im Völkerrecht, in: Der Staat 11 (1972), S. 145 ff.

Gadamer, Hans-Georg, Das Sein und das Nichts, in: Traugott König (Hrsg.), Sartre, Ein Kongress, Reinbek bei Hamburg 1988, S. 37 ff.

Gaul, Jens-Peter, Freiheit ohne Recht. Ein Beitrag zu Rousseaus Staatslehre, Berlin 2001.

von Glasenapp, Helmuth, Entwicklungsstufen des indischen Denkens, Halle/Saale, 1940.

ders., Die fünf Weltreligionen, Stuttgart o. J.

Habermas, Jürgen, Arbeit und Interaktion: Bemerkungen zu Hegels Jenenser "Philosophie des Geistes", in: ders., Technik und Wissenschaft als "Ideologie", Frankfurt/M. 1973 u. ö.,

S. 9 ff.

ders., Faktizität und Geltung, Frankfurt/M. 1992.

ders., Theorie des kommunikativen Handelns, Bd. 1 und 2, Frankfurt/M. 1981.

Hackmann, Heinrich, Chinesische Philosophie, München 1927.

Hammacher, Klaus, Rechtliches Verhalten und die Idee der Gerechtigkeit, Baden-Baden 2001.

Han, Byung-Chul, Philosophie des Zen-Buddhismus, Stuttgart 2002.

Harzer Regina, Der Naturzustand als Denkfigur moderner praktischer Vernunft, Frankfurt/M. 1994.

Hegel, Georg Wilhelm Friedrich, Werke (in 20 Bänden), hrsg. von Eva Moldenhauer und Karl Markus Michel, Frankfurt/M. 1994 u. ö.

Heidegger, Martin, Sein und Zeit, 13. unv. Aufl., Tübingen 1976.

Heinimann, Felix, Nomos und Physis. Herkunft und Bedeutung einer Antithese im griechischen Denken des 5. Jahrhunderts, Basel 1965 (Nachdruck der Ausgabe Basel 1945).

Heisenberg, Werner, Schritte über Grenzen, 2. Aufl., München 1971.

ders., Sprache und Wirklichkeit in der modernen Physik, in: ders., Physik und Philosophie, Frankfurt/M. u. a. 1970, S. 139 ff.

Henrich, Dieter, Denken und Selbstsein, Vorlesungen über Subjektivität, Frankfurt/M. 2007.

ders., Fichtes ursprüngliche Einsicht, in: Festschrift für Wolfgang Cramer, Frankfurt/M. 1966, S. 188 ff.

ders., Der Grund im Bewusstsein, Stuttgart 1992.

ders., Selbstverhältnisse, Stuttgart 1982.

Herdegen, Matthias, Kommentierung des Art. 1 GG, in: Maunz / Dürig, Grundgesetz, Bd. 1, München, 2012.

Hilgendorf, Eric, Die Renaissance der Rechtstheorie zwischen 1965 und 1985, Würzburg 2005.

Hillgruber, Christian, Souveränität — Verteidigung eines Rechtsbegriffs, in: JZ 2002, S. 1072 ff.

Hinske, Norbert, Grundformen der Praxis, in: ders., Kant als Herausforderung an die Gegenwart, Freiburg, München 1980, S. 86 ff.

ders., Natur und Freiheit im Denken Kants, in: Natura, XII. Colloquio Internazionale, Firenze 2008, S. 473 ff.

Hobbes, Thomas, Leviathan, oder Stoff, Form und Gewalt eines kirchlichen und bürgerlichen Staates, hrsg. und eingeleitet von Iring Fetscher, Neuwied, Berlin 1966.

Höffe, Otfried, Recht und Moral: ein kantischer Problemaufriss, in: Recht und Moral, neue Hefte für Philosophie, Heft 17, Göttingen 1979, S. 1 ff.

Hoffmann, Thomas Sören, Über Freiheit als Ursprung des Rechts, in: Zeitschrift für Rechtsphilosophie 2003, S. 16 ff.

Holmes, Oliver Wendell, The Path of Law, in: Harvard Law Review, Vol. X (1897), S. 457 ff.

Hume, David, Ein Traktat über die menschliche Natur, übers. von Theodor Lipps, neu hrsg. von Reinhard Brandt, 2. Bde., Hamburg 1989/1979.

Isensee, Josef, Weltpolizei für Menschenrechte, in: JZ 1995, S. 421 ff.

Jakob, Thomas, Das Individuum im Spannungsverhältnis von staatlicher Souveränität und Internationalisierung, Göttingen 2010.

Jakobs, Günther, Norm, Person, Gesellschaft, 3. Aufl., Berlin 2008.

Jeck, Udo Reinhold, Platonica Orientalia, Aufdeckung einer philosophischen Tradition. Frankfurt/M. 2004.

Kahlo Michael / Wolff, Ernst Amadeus / Zaczyk, Rainer (Hrsg.), Fichtes Lehre vom Rechtsverhältnis, Frankfurt/M. 1992.

Kahlo, Michael, Zur Verhältnisbestimmung von Ethik und Recht im Anschluss an die Denkbewegung von Hobbes über Rousseau zu Kant, in: Klaus Hammacher u. a. (Hrsg.), Zur Aktualität der Ethik Spinozas, Würzburg 2000, S. 243 ff.

Kant, Immanuel, Gesammelte Schriften, hrsg. von der Königlich Preußischen Akademie der Wissenschaften (= Akademie-Ausgabe), Berlin 1910 ff.

ders., Werke in sechs Bänden, hrsg. von Wilhelm Weischedel, Darmstadt 1956 u. ö.
Darin:

— Beantwortung der Frage: was ist Aufklärung?, Bd. VI, S. 51 ff.

— Grundlegung zur Metaphysik der Sitten, Bd. IV, S. 7 ff.

— Kritik der reinen Vernunft, Bd. II, S. 5 ff.

— Kritik der praktischen Vernunft, Bd. IV, S. 103 ff.

— Logik, Bd. III, S. 419 ff.

— Die Metaphysik der Sitten, Bd. IV, S. 303 ff.

— Nachricht von der Einrichtung seiner Vorlesungen in dem Winterhalbenjahre, von 1765-1766, Bd. I, S. 905 ff.

— Die Religion innerhalb der Grenzen der bloßen Vernunft, Bd. IV, S. 645 ff.

— Zum ewigen Frieden, Bd. VI, S. 191 ff.

— Diese Ausgabe ist text- und seitengleich (von späteren Errata-Korrekturen in der sechsbändigen Ausgabe abgesehen) mit der zehnbändigen Taschenbuchausgabe Darmstadt 1975 u. ö. sowie der zwölfbändigen Taschenbuchausgabe Frankfurt/M. 1974 u. ö.

Katzer, Ernst, Luther und Kant. Ein Beitrag zur inneren Entwicklungsgeschichte des deutschen Protestantismus, Gießen 1910.

Kaufmann, Erich, Kritik der neukantischen Rechtsphilosophie, Tübingen 1921.

Kelker, Brigitte, Zur Legitimität von Gesinnungsmerkmalen im Strafrecht, Frankfurt/M. 2007.

Kelsen, Hans, Reine Rechtslehre, 2. Aufl., Wien 1960.

Kersting, Wolfgang, Die politische Philosophie des Gesellschaftsvertrages, Darmstadt 1996.

ders., Wohlgeordnete Freiheit. Immanuel Kants Rechts- und Staatsphilosophie, Frankfurt/ M. 1993.

Kleinmann, Tobias, Preisbildung und Perspektive an Rohstoffmärkten: Nahrungsmittel, München, Ravensburg 2009.

Köhler, Michael, Das angeborene Recht ist nur ein einziges, in: Kasten Schmidt (Hrsg.), Vielfalt des Rechts — Einheit der Rechtsordnung, Berlin 1994, S. 61 ff.

ders., Freiheitliches Rechtsprinzip und Teilhabegerechtigkeit in der modernen Gesellschaft, in: Götz Landwehr (Hrsg.), Freiheit, Gleichheit, Selbständigkeit, Hamburg 1999, S. 103 ff.

ders., Immanuel Kants Begriff des ursprünglichen Erwerbs in seiner Bedeutung für eine Theorie des gesellschaftlichen Vermögenserwerbs, in: Diethelm Klesczewski / Steffi Müller / Frank Neuhaus (Hrsg.), Die Idee des Sozialstaats, Paderborn 2006, S. 19 ff.

ders., Iustitia distributiva. Zum Begriff und zu den Formen der Gerechtigkeit, in: Archiv für Rechts- und Sozialphilosophie 79 (1993), S. 457 ff.

ders., Menschenrecht, Volkssouveränität, internationale Ordnung nach der Diskurslehre vom Recht? in: Rechtsphilosophische Hefte III (1994), Berlin u. a., S. 133 ff.

ders., Zur Universalität der Menschenrechte, in: Rolf Gröschner /Martin Morlok (Hrsg.), Recht und Humanismus, Baden-Baden 1997, S. 87 ff.

ders., Ursprünglicher Gesamtbesitz, ursprünglicher Erwerb und Teilhabegerechtigkeit, in: Festschrift für E. A. Wolff, Berlin u. a. 1998, S. 247 ff.

ders., Das ursprüngliche Recht auf gesellschaftlichen Vermögenserwerb — Zur

Aufhebung der "abhängigen Arbeit" in Selbständigkeit, in: Festschrift für Ernst-Joachim Mestmäcker zum achtzigsten Geburtstag, Baden-Baden 2006, S. 317 ff.

ders., Zur völkerrechtlichen Frage der humanitären Intervention, in: Die humanitäre Intervention — Imperativ der Menschenrechtsidee, Stuttgart 2003, S. 75 ff.

Die Lehren des Konfuzius, übersetzt und erläutert von Richard Wilhelm, Vorwort von Hans von Ess, Frankfurt/M. 2008.

Korsch, Dietrich / Dierken, Jörg (Hrsg.), Subjektivität im Kontext, Tübingen 2004.

Koslowski, Peter, Ethik des Kapitalismus, Tübingen 1982.

Krause, Peter, Die Lehre von der Arbeit in der Philosophie des Deutschen Idealismus und ihre Bedeutung für das Recht, Diss., Saarbrücken 1965.

Kroeschell, Karl, Deutsche Rechtsgeschichte, Bd. 1: Bis 1250, 13. Aufl., Köln u. a. 2008.

Kühl, Kristian, Eigentumsordnung als Freiheitsordnung, Freiburg, München 1989.

Langthaler, Rudolf / Hofer, Michael (Hrsg.), Selbstbewusstsein und Gottesgedanke, in: Wiener Jahrbuch für Philosophie, Bd. XL, 2008, Wien 2010.

Lauterpacht, Hersch, Recognition in International Law, Cambridge 1948.

Liang, Chi-Chao, History of Chinese Political Thought, London 1930.

Liu, Shu-Hsien, Understanding Confucian Philosophy, Westport / Conn, London 1998.

Locke, John, Zwei Abhandlungen über die Regierung, hrsg. und eingeleitet von Walter Euchner, Frankfurt/M. 1977 u. ö.

Luf, Gerhard, Freiheit als Rechtsprinzip, Rechtsphilosophische Aufsätze, Wien 2008.

ders., Freiheit und Gleichheit, Wien, New York 1978.

Luhmann, Niklas, Rechtssoziologie, 3. Aufl., Opladen 1987.

ders., Das Recht der Gesellschaft, Frankfurt/M. 1995.

MacPherson, C. B., Die politische Philosophie des Besitzindividualismus, Frankfurt/M. 1973.

Maihofer, Werner, Recht und Sein. Prolegomena zu einer Rechtsontologie, Frankfurt/M. 1954.

Marx, Karl, Thesen über Feuerbach, in: Karl Marx / Friedrich Engels, Werke, Bd. 3, Berlin 1959, S. 5 ff. (Titel vom Institut für Marxismus-Leninismus).

Maunz / Dürig, Grundgesetz, Kommentar, hrsg. von Roman Herzog, Maththias Herdegen, Rupert Scholz, Hans H. Klein, (Stand Mai 2012), München 2012.

Montesquieu, Charles-Louis de Secondat, Vom Geist der Gesetze Bd. I/II, übers. u. hrsg. von Ernst Forsthoff, Tübingen 1951.

Niebling, Christian, Das Staatsrecht in der Rechtslehre Kants, München 2005.

Oerter, Rolf / Montada, Leo (Hrsg.), Entwicklungspsychologie, 6. Aufl., Weinheim 2008.

Piaget, Jean, Die Entwicklung des Erkennens III, Gesammelte Werke, Bd. 10, Stuttgart 1975.

Platon, Sämtliche Werke, Bd. 1-6, in der Übersetzung von Friedrich Schleiermacher, hrsg. von Walter F. Otto, Ernesto Grassi, Gert Plamböck, Hamburg 1966 u.ö.

Rardhakrishnan, Sarvepalli, Indische Philosophie, Bd. 1: Von den Veden bis zum Buddhismus, Darmstadt u. a. o. J.

Ratnapala, Nandasena, Crime and Punishment in the Buddhist Tradition, Neu Delhi 1993.

Rath, Jürgen, Aufweis der Realität der Willensfreiheit, Hamburg 2009.

Rawls, John, Eine Theorie der Gerechtigkeit, Frankfurt/M. 1979.

Rosenberg, Otto, Die Probleme der buddhistischen Philosophie, 1924.

Rothe, Klaus, Selbstsein und bürgerliche Gesellschaft. Hegels Theorie der konkreten Freiheit, Bonn 1976.

Rousseau, Jean-Jacques, Abhandlung über den Ursprung und die Grundlagen der Ungleichheit unter den Menschen, in: Henning Ritter (Hrsg.), Jean-Jacques Rousseau, Schriften, Bd. 1, München 1978, S. 165 ff.

ders., Vom Gesellschaftsvertrag oder Grundsätze des Staatsrechts, übersetzt und hrsg. von Hans Brockard, Stuttgart 1986.

Rüthers, Berns / Fischer, Christian / Birk, Axel, Rechtstheorie mit Juristischer Methodenlehre, 6. Aufl., München 2011.

Schleichert, Hubert / Roetz, Heinz, Chinesische Philosophie, 3. Aufl., München 2009.

Schmitt, Carl, Der Nomos der Erde im Völkerrecht des Jus Publicum Europaeum, Köln 1950.

Schneiders, Peter (Hrsg.), Sein und Sollen im Erfahrungsbereich des Rechts, Archiv für Rechts- und Sozialphilosophie, Beiheft, Neue Folge, Bd. 6, Wiesbaden 1970.

Schwaiger, Clemens, Kategorische und andere Imperative. Zur Entwicklung von Kants praktischer Philosophie bis 1785, Stuttgart, 1999.

Siep, Ludwig, Anerkennung als Prinzip der praktischen Philosophie, Freiburg, München 1979.

Stürner, Ralf, Macht und Wettbewerb über alles?, München 2007.

Suhr, Dieter, Bewusstseinsverfassung und Gesellschaftsverfassung, Berlin 1975.

Theunissen, Michael, Das Andere. Studien zur Sozialontologie der Gegenwart, Berlin 1965.

Tönnies, Ferdinand, Gemeinschaft und Gesellschaft. Grundbegriffe der reinen Soziologie,

Neudruck der 8. Aufl. Leipzig 1935, Darmstadt 1963.

Ueda, Schizuteru, Vorüberlegungen zum Problem der All-Einheit im Zen-Buddhismus, in: Dieter Henrich (Hrsg.), All-Einheit. Wege eines Gedankens in Ost und West, Stuttgart 1985.

Verdross, Alfred / Simma, Bruno, Universelles Völkerrecht. Theorie und Praxis, 3. Aufl., Berlin 1984.

Vitzthum, Wolfgang Graf, Der Staat der Staatengemeinschaft, Paderborn u. a. 2006.

ders. (Hrsg.), Völkerrecht, 4. Aufl., Berlin 2007.

Weber, Martin, Zur Theorie der Familie in der Rechtsphilosophie Hegels, Berlin 1986.

Wiehl, Reiner, Die Komplementarität von Selbstsein und Bewusstsein, in: Konrad Cramer u. a. (Hrsg.), Theorie der Subjektivität, Frankfurt/M. 1987, S. 44 ff.

Wildt, Andreas, Autonomie und Anerkennung, Stuttgart 1982.

Wilhelm, Richard, Die chinesiche Philosophie, Wiesbaden 2007 (nach der Ausgabe Berlin 1929).

Wolff, Ernst Amadeus, Die Abgrenzung von Kriminalunrecht zu anderen Unrechtsformen, in: Winfried Hassemer (Hrsg.), Strafrechtspolitik, Frankfurt/M. 1987, S. 137 ff.

ders., Das neuere Verständnis von Generalprävention und seine Tauglichkeit für eine Antwort auf Kriminalität, in: Zeitschrift für die gesamte Strafrechtswissenschaft Bd. 97 (1985), S. 786 ff.

Zaczyk, Rainer, Anerkennung — Zum Gehalt des Begriffs für ein universales Rechtsprinzip, in: Thomas Sören Hoffmann (Hrsg.), Zur Aktualität der Fichteschen Rechtsphilosophie, Fernuniversität Hagen o. J. (2012), S. 23 ff.

ders., "Hat er aber gemordet, so muß er sterben". Kant und das Strafrecht, in: Manfred Kugelstadt (Hrsg.), Kant-Lektionen, Würzburg 2008, S. 241 ff.

ders., Das Strafrecht in der Rechtslehre J. G. Fichtes, Berlin 1981.

ders., Die Struktur des Rechtsverhältnisses (§§ 1-4) im Naturrecht Fichtes, in: Michael Kahlo / Ernst Amadeus Wolff / Rainer Zaczyk (Hrsg.), Fichtes Lehre vom Rechtsverhältnis, Frankfurt/M. 1992, S. 9 ff.

ders., Über Theorie und Praxis im Recht, in: Festschrift für Hans Dahs, Köln 2005, S. 33 ff.

ders., Wie ist es möglich, ein Menschenrecht zu begründen?, in: Festschrift für Winfried Hassemer, Heidelberg 2010, S. 259 ff.

Zimmer, Heinrich, Philosophie und Religion Indiens, Zürich 1961.

Zweigert, Konrad / Kötz, Hein, Einführung in die Rechtsvergleichung, 3. Aufl., Tübingen 1996.

자기존재와 법

초판인쇄 2018년 10월 25일

초판발행 2018년 10월 31일

지은이 라이너 차칙

옮긴이 손미숙

발행인 홍순창

발행처 토담미디어

서울 종로구 돈화문로 94(와룡동) 동원빌딩 302호

전화 02-2271-3335

팩스 0505-365-7845

출판등록 제2-3835호(2003년 8월 23일)

홈페이지 www.todammedia.com

ISBN 979-11-6249-051-8